Stephan Fennel • Frank Sachau

Westdeutschland

Die schönsten Motorrad-Touren

MTM MOTOURMEDIA

Westdeutschland

Die schönsten Motorrad-Touren

Herausgeber Stephan Fennel

Tief im Westen, wo die Sonne verstaubt, ist es besser, viel besser als man glaubt! Wer kennt nicht diese Textzeilen aus Herbert Grönemeyers Hymne. Wie wahr, möchte man rufen, und auch wieder nicht. Denn die Sonne verstaubt hier im Westen schon längst nicht mehr. Der Staub der Industriellen Revolution hat sich ebenso längst aus selbigem gemacht, wie der Staub des Nachkriegs-Wirtschaftswunders, als Kohle und Stahl den Aufstieg der jungen Bundesrepublik fundierten.

Dagegen ist jeder, der nicht hier aufgewachsen ist, verwundert, wie grün und vielfältig der Westen in Wirklichkeit ist. Die Vielfalt beginnt im Münsterland, nicht gerade ein bekanntes Motorrad-Tourenparadies. Dafür lässt sich der Geradeauslauf eines Bikes hier ebenso gut testen wie auf der Route 66. Mancherorts am Rhein sieht der Asphaltverlauf ganz ähnlich aus, nur das Deutschlands großer Fluss hin und wieder einen Haken schlägt. Alternativ ist eine große Anzahl an besuchenswerten Zielen vorhanden, die man als Interessierter natürlich auch mit dem Motorrad ansteuern kann – nein, sollte.

Alles andere als verstaubt

Und dann das Ruhrgebiet. Von wegen verstaubt. Wer sich für Industriekultur interessiert, findet ein schier unglaubliches Füllhorn an Zielen vor. Und wer nicht lange suchen möchte, orientiert sich einfach an der phänomenalen Route der Industriekultur. Architekturfans, Technikfreaks, Kunstliebhaber – sie alle kommen hier auf ihre Kosten. Außerdem kann man entweder durch weitläufige Innenstädte cruisen oder ausgedehnte Grünflächen kurvenreich durchqueren. Und das alles, ohne sich eine Staublunge zu holen …

Davor muss man sich auch im Bergischen Land oder im Sauerland nicht fürchten. Stattdessen locken Talsperren zum sommerlichen Badeausflug, endlose Wälder bieten Abkühlung für Helm bewehrte Biker, und zahllose kleine Straßen folgen Bachläufen in Windungen, die selbst manches Gebirge kaum aufzuweisen hat.

Gebirge gibt es im Westen übrigens auch, Mittelgebirge, jede Menge. Die Höhenzüge Ostwestfalens etwa oder der geschichtsträchtige Teutoburger Wald. Das Hessische Bergland, der Taunus, der Hunsrück und viele mehr, die gar nicht alle Platz in diesem Band unserer erfolgreichen Deutschland-Reihe finden.

Und dann die Flüsse, deren Läufe oftmals den Kurventakt feiner Motorradstraßen vorgeben. Kleine wie Wupper und Weser, große Ströme wie Mosel und Rhein. Mancherorts zwar eingekesselt in begradigendes Betonwerk, anderenorts wiederum wild durch die Landschaft schlängelnd, dass es eine wahre Pracht ist.

Fast eine Liebeserklärung

Nun ist dieses Vorwort fast so etwas wie eine Liebeserklärung an den Westen geworden. War gar nicht meine Absicht, aber was soll ich machen? Geboren und aufgewachsen im Bergischen Land, in das es mich nach etlichen nationalen und internationalen Stationen wieder zurückzog, habe ich meine Heimat nie verleugnet. Motorradsozialisiert im Winkelwerk des Sauerlands war ich kurvigem Geläuf schon verfallen, bevor es mich erstmals in die Berge zog.

Wenn es euch angesichts der zehn Tourenvorschläge dieses Bands also mal in die Gegend zieht: Glück auf! Ihr werdet es nicht bereuen. Und dabei ist das, was wir hier für euch zusammengetragen haben, erst der Anfang: ein kleiner Ausschnitt dessen, was im Wilden Westen möglich ist. ◂

GRATIS GPS-DOWNLOAD
www.alpentourer.de/gps/tourentipps-reisefuehrer/

Westdeutschland – Die schönsten Motorrad-Touren
ist eine Produktion von

MoTourMedia e.K. • Inh. Stephan Fennel
Hastener Straße 140 • 42349 Wuppertal
T +49 (0)2 02 94 60 02 26
verlag@motourmedia.de • www.motourmedia.de

2. überarbeitete Auflage 2024

ISBN 978-3-939997-53-5

Kartenbasis
© 123map; Daten: OpenStreetMap; Lizenz ODbL 1.0

Redaktion
Frank Sachau, Stephan Fennel

Fotohinweis
Stephan Fennel (Titelfotos: 1; 34, 36, 37, 38, 40, 42); Frank Sachau (Titelfotos: 1; 10, 12, 13, 14, 15, 16, 17, 18, 19, 46, 48, 49, 50, 51, 52, 53, 54, 2 x 55, 56, 58, 60, 61, 2 x 62, 63, 64, 65, 2 x 66, 67, 68, 70, 2 x 72, 73, 74, 2 x 75, 2x 76, 77, 2 x 79, 82, 84, 85, 86, 87, 88, 89, 90, 92, 2 x 93, 94, 95, 96, 97, 2 x 98, 99, 100, 102, 2 x 104, 105, 106, 107, 108, 109, 110, 111, 112, 114, 116, 117, 2 x 118, 119, 120, 121, 122, 123, 124); Snežana Šimičić (Titelfotos: 1; 22, 24, 27); EbmBoDrehscheibe / Hans-Henning Pietsch (26); Wikimedia Commons: Carschten / CC BY-SA 3.0 (28, 31); Morty / CC BY-SA 3.0 (39); Sir Gawain / CC BY-SA 4.0 (43); Frank Vincentz / CC BY-SA 3.0 (30).

Layout | Routen-Kartographie
Stephan Fennel

Kontakt
leserservice@motourmedia.de

Webshop
www.tourershop24.de

INHALT

TOURGUIDE ÜBERSICHTSKARTE

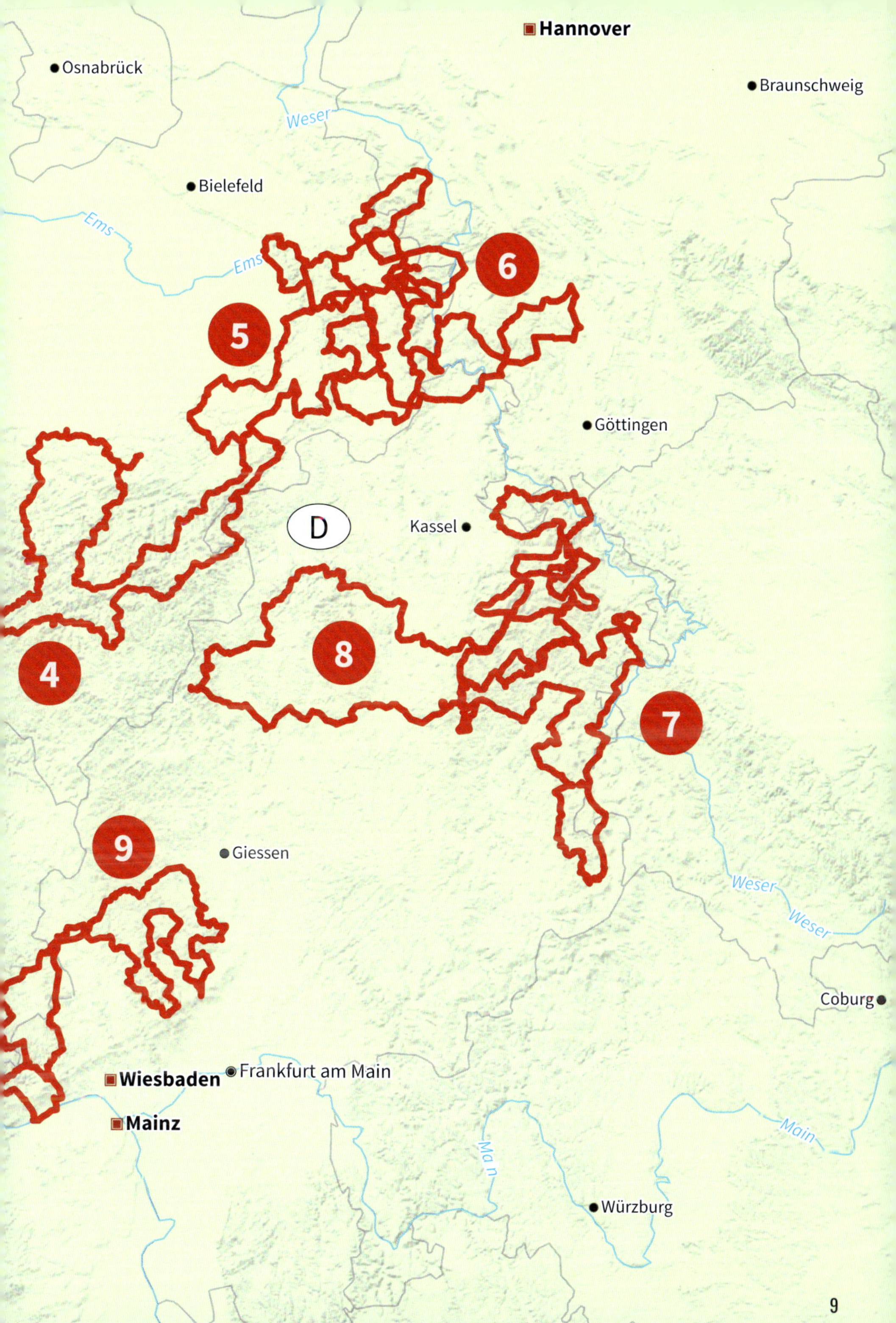
Hannover
Osnabrück
Braunschweig
Weser
Bielefeld
Ems
Ems
6
5
Göttingen
D
Kassel
8
4
7
9
Giessen
Weser
Weser
Coburg
Wiesbaden
Frankfurt am Main
Mainz
Main
Main
Würzburg

Mitten im Naturpark Hohe Mark liegt das Wasserschloss Lembeck.

Zur Schlossallee

Das mit Kurven nicht gerade gesegnete Münsterland gilt für die meisten Motorradfahrer als Region der Windmühlen, Burgen und Herrensitze. Doch es gibt noch viel mehr zu entdecken.

Das Schloss Nordkirchen wird auch „Westfälisches Versailles" genannt.

Die Schlossallee gilt im weltberühmten Monopoly-Spiel trotz ihres hohen Kaufpreises als erste Adresse und verlässliche Einnahmequelle. Der westfälische Landadel kann da mitreden: Hatten die mittelalterlichen Blaublüter des Münsterlandes genug Reichtümer angehäuft, galt es den Besitz vor Neidern zu schützen. Weil es im flachen Land aber an Bergen mangelte, setzten sie ihre Burgen auf die Wiese, zogen einen tiefen Wassergraben herum und klappten bei Gefahr die Zugbrücke hoch. Im Laufe der Jahrhunderte wurden die Gemäuer ausgebaut, englische sowie französische Baustile und Gartenanlagen nachgeahmt.

Gehen wir einmal der Frage nach, was aus ihnen geworden ist: Hinter Rheine links ab, schon rollen wir bei Riesenbeck durch eine schnurgerade Allee bis vor das gepflegte Wasserschloss Surenburg, in dessen Graben das nasse Herbstlaub in allen Farben schillert. Das unübersehbare Schild „Privat" verwehrt uns den Zutritt, also machen wir uns auf, den nächsten Herrensitz anzusteuern.

Über den Kanal

Relaxt genießen wir einen abwechslungsreichen Feld-Wald-und-Wiesen-Mix, hüpfen über den Dortmund-Ems-Kanal und erreichen südöstlich von Münster das kleine Städtchen Wolbeck. Im Ortskern stoppen wir unsere Maschinen am Schloss Drostenhof, dessen feudales Herrenhaus reich mit bunten Ziegeln verziert ist. Im Mittelalter wurden ranghohe Verwaltungsbeamte als Droste bezeichnet, als westfälischer Familienname blieb der Titel bis heute erhalten. Bis in die Gegenwart hat auch die Wasserversorgung des Burggrabens unseres nächsten Zieles überdauert: Das Schloss Haus Steinfurt nutzt seit dem 18. Jahrhundert taktisch klug den natürlichen Lauf der Werse, einem wichtigen Zufluss der Ems.

Eine charaktervolle Landstraße führt uns dann an den Wasserschlössern Venne und Itlingen vorbei, denen wir aber – weil sich diese auch im Privatbesitz befinden – keine weitere Beachtung schenken. Unser Interesse gilt stattdessen dem wuchtigen Wasserschloss Westerwinkel bei Herbern.

Das barocke Bauwerk liegt in den Resten des ehemaligen englischen Landschaftsparks, der mittlerweile allerdings zum neuzeitlichen Golfplatz mutiert ist. Ganz ohne Löcher präsentiert sich uns anschließend die kurvige Chaussee nach Nordkirchen.

Westfälisches Versailles

Die Zufahrt zum dortigen Prunkbau gleicht einem Tunnel: unter unseren Pneus historisches Kopfsteinpflaster, über unseren Helmen dichtes Blattwerk. Im hellen Sonnenlicht angekommen, können wir nur noch staunen: Inmitten des 170 Hektar großen Schlossparks thront auf einer rechteckigen Insel das größte Wasserschloss Westfalens, das seinen vielsagenden Beinamen „Westfälisches Versailles" zu Recht trägt. Vor mehr als 60 Jahren wurden die ehemaligen Repräsentationsräume von der Fachhochschule für Finanzen des Landes

Die wehrhafte Burg Vischering zählt zu Deutschlands schönsten Festungen.

Nordrhein-Westfalen bezogen – ein Schelm, wer Böses dabei denkt!

Mit dem festen Vorsatz, die nächste Steuererklärung ausnahmsweise mal rechtzeitig abzugeben, reisen wir nach Lüdinghausen. Dort steht seit 1271 Burg Vischering mit ihren Fundamenten im dunklen Nass der Stever – weniger elegant, dafür umso wehrhafter. Die tief gestaffelte und bis heute perfekt erhaltene Festungsanlage zählt zu Deutschlands schönsten Burgen und birgt in ihrem Inneren das Münsterlandmuseum. Etwas weiter nördlich, ganz in der Nähe des Dortmund-Ems-Kanals, treffen wir auf das hässliche Entlein der hiesigen Herrensitze: Das Wasserschloss in Senden präsentiert sich uns in einem erbärmlichen Zustand, der rechte Flügel versinkt im moorigen Untergrund, der Turm steht schief wie das Pendant in Pisa.

Schloss Senden ist dem Verfall preisgegeben und gilt als das hässliche Entlein unter den historischen Herrensitzen des Münsterlandes.

Krieg und Frieden

Als bekannteste Münsterländerin gilt die Dichterin Annette von Droste-Hülshoff (1797 – 1848). Ihre Geburtsstätte, die Wasserburg Hülshoff, erreichen wir, nach dem wir unsere Maschinen am Rande des weitläufigen Parks abgestellt haben und auf Schusters Rappen bis zum Café im Innenhof geschlendert sind. Das Eindringen ungebetener Gäste wird auch hier durch einen unüberwindbaren Wassergraben verhindert. Denn während in Münster die katholischen Bischöfe sich um das Seelenheil ihrer Schäfchen kümmerten, lag die Landesverteidigung im Dreißigjährigen Krieg (1618 – 1648) in den Händen des Adels. Brandschatzende und plündernde Heere zogen durch das Münsterland, bis der Westfälische Friede unterzeichnet wurde und die Waffen ruhten.

Eine auffrischende Brise lässt das goldene Laub tanzen und treibt dunkle Wolken heran. Fernab der Hauptstraßen reisen wir über Land und folgen in gebührendem Abstand der

Die Dichterin **Annette** von Droste-Hülshoff wurde in der Burg Hülshoff geboren.

Steinfurter Aa nach Burgsteinfurt, wo der Flusslauf die älteste Wasserburganlage Westfalens umspielt. Leider macht uns die Schrankenanlage deutlich: Nur gucken, nicht eintreten. Als die ersten Schauer niedergehen, streben wir aus dem Ort hinaus und entdecken rein zufällig die auf einem mächtigen Hügel postierte Mühle Hollich, deren Flügel den Winden trotzen. Patschnass, als wären wir in einen Wassergraben gefallen, erreichen wir nach wenigen Kilometern die Gutsschänke Holsterfeld und freuen uns auf eine heiße Dusche.

Immer auf Trab

Am nächsten Morgen zeugen nur noch wenige Pfützen von der vergangenen Regennacht, Petrus sei Dank! Die von Wiesen, Mooren und Wäldern durchzogene, leicht hügelige Region nördlich des Ruhrgebietes hat nicht nur Burgen und Schlösser zu bieten, sie ist mit ihren Bauernhöfen und Gütern auch Heimat unzähliger Pferde.

Auf dem Weg zu den letzten Wildpferden Europas schwingen wir uns in die Sättel unserer Maschinen und streben im gestreckten Galopp auf der B 70 südwärts. Bei Metelen haben wir die Nase vom Schwerlastverkehr voll und biegen auf die kurzweilige Landstraße nach Darfeld ab. Schon bald entdecken wir wieder das enttäuschende Schild „Geschlossen – Privatbesitz". Die Zufahrt zum Schloss Darfeld, von dem nur die Turmspitzen aus einem dichten Blätterdach

Graf Arnold IV von Bentheim förderte die Bildung.

hervorragen, wird uns verwehrt. Wir reiten über die bewaldeten und wohlgerundeten Ausläufer der unerwartet hohen Baumberge in Richtung Billerbeck. Schon von weitem sind die schlanken Zwillingstürme des Doms zu erkennen.

Im Naturpark Hohe Mark

Vor rund 1200 Jahren soll Karl der Große den friesischen Missionar Liudger zum ersten Bischof von Münster, der Hauptstadt des Münsterlandes, ernannt haben. Angeblich steht der Dom genau an der Stelle, an der Liudger einst verstorben ist. Wir jedoch sind quicklebendig und genießen die anmachende Motorradstrecke über Nottuln und Rorup an den mit vielen Windkraftanlagen gespickten Letter Berg. Wie übermütige Fohlen schlagen wir einen Haken nach dem anderen, um bei Merfeld das Gatter in den Naturpark Hohe Mark aufzustoßen.

Ganz in der Nähe, im so genanntem Merfelder Bruch, leben in einem naturbelassenen Wald- und Wiesengebiet die Dülmener Wildpferde, eine der letzten Herden Europas. Die vom Aussterben bedrohten Kleinpferde gehören zu den ältesten deutschen Rassen und bleiben aufgrund ihrer Widerstandsfähigkeit ganzjährig im Freien.

Wir lassen die Zügel schleifen und kurven auf verkehrsarmen Straßen an einem Truppenübungsplatz vorbei in das Herz des Naturparks, der zu den größten in Nordrhein-Westfalen zählt. Hier, an der Grenze von Ruhrpott und Münsterland, inmitten der ausgedehnten Waldgebiete „Der Hagen“ und „Kippheide“ steht das imposante und geschichtsträchtige Wasserschloss Lembeck, dessen Fundamente aus dem 12. Jahrhundert stammen sollen. Mindestens genauso alt werden die knorrigen Eichen sein, die uns durch einen verwunschenen Forst bis an die B 58 und weiter in Richtung Wesel begleiten.

Der in der Generalkarte eingezeichnete grüne Beistrich kommt schließlich nicht von ungefähr. Dass Steigerungen aber immer noch möglich sind, erfahren wir im wahrsten Sinne des Wortes, als wir nach fast 20 Kilometern nordwärts nach Marienthal abbiegen. Eine fantastische Etappe tut sich vor unseren Rädern auf, wir kippen von einer Kurve in die nächste. Nur allzu gern würden wir vom Trab in den Galopp wechseln, aber leider ist fast die gesamte Strecke mit Tempolimit 50 und Überholverbot versehen.

Blick in die Sterne

Wir umrunden den Dämmerwald und erreichen Raesfeld, in dessen Mitte das Wasserschloss ruht. Drumherum locken gemütliche kleine Hotels, Cafés und Galerien um die Gunst der Reisenden. Ganz ohne Gegenleistung hatten es einst die üblen Ritter von Raesfeld auf das Hab und Gut ihrer Mitmenschen abgesehen. Schon um 900 stand hier ihre erste Turmhügelburg, die im 12. Jahrhundert erweitert und um 1650 zum heutigen Residenzschloss ausgebaut wurde.

Der damalige Besitzer, Graf Alexander II glaubte wie sein großes Vorbild, Feldherr Wallenstein, an die Macht der Sterne. Weil jeder, der

Die ländliche Region nördlich des Ruhrgebietes ist ein Eldorado für Pferde- und Reitsportbegeisterte.

etwas auf sich hielt, Horoskope erstellen ließ, befahl der Graf, den über 50 Meter hohen Sterndeuterturm zu errichten, von dessen Balustrade aus

Raesfeld ist ein Wasserschloss, in dem man heutzutage essen, feiern und sogar heiraten kann.

der Nachthimmel beobachtet werden kann. Nur einen kurzen Ritt entfernt, wartet mit dem Sportschloss Velen schon das nächste, ebenfalls von einem mit Seerosenblättern bedeckten Wassergraben umgebene historische Gemäuer auf unseren Besuch. Die aus einzelnen Gebäuden bestehende Anlage wirkt aufgrund fehlender Verteidigungsmauern eleganter als ihre trutzigen Mitbewerber. Wenig später geraten wir hinter Vreden in die Nähe der niederländischen Grenze, der wir auf menschenleeren Straßen unterschiedlichster Breiten und Qualitäten bis ins quirlige Gronau folgen. Hier ist unser Ausritt noch lange nicht zu Ende, unsere Flachlandpartie parallel zur Bundesstraße führt uns nach Wettringen, wo eine fast schon alpine Runde um den Rothenberg auf dem Programm steht.

TOUREN-TIPP

Fast alle Festungen und Schlösser wurden im Laufe ihrer wechselhaften Geschichte umgestaltet, doch die **Wasserburg Vischering** (51.776369, 7.442573) blieb bis heute nahezu unverändert. Aus diesem Grund ist hier das sehenswerte Münsterlandmuseum untergebracht.

burg-vischering.de

Bentheimer Gold

Die letzte Burg, die wir auf unserer Tour besuchen, tanzt aus der Reihe: Sie ruht auf niedersächsischem

TOUREN-STECKBRIEF

STRECKENLÄNGE 500 Kilometer

ROADBOOK Salzbergen, Rheine, Riesenbeck, Wolbeck, Itlingen, Nordkirchen, Lüdinghausen, Senden, Havixbeck, Burgsteinfurt, Darfeld, Billerbeck, Nottuln, Rorup, Dülmen, Dorsten, Marienthal, Raesfeld, Velen, Gronau, Wettringen, Bad Bentheim, Salzbergen.

CHARAKTERISTIK Die von Wiesen, Mooren und Wäldern durchzogene, leicht hügelige Region nördlich des Ruhrgebietes bietet grenzenlosen Fahrspaß. Mehr als 100 Wasserschlösser, Burgen und Herrensitze gilt es zu entdecken. Fast alle Bauten sind in einem hervorragenden Zustand, die Zufahrten selten versperrt, die Besichtigung der Außenanlagen meist kostenlos. Und für die kleine Pause zwischendurch wird alles geboten: ob rustikale Burgschänke oder nobles Schlossrestaurant hängt ganz von Geschmack und Geldbeutel ab. Die mit LKWs überlasteten Bundesstraßen sollten tunlichst gemieden werden.

ATTRAKTION Im 19. Jahrhundert lebte und wirkte die bedeutende Dichterin **Annette von Droste zu Hülshoff** in dem von einem Wassergraben umfassten Schloss und seinem weitläufigen Park (51.969590, 7.50377). Ein tolles Ambiente, um bei gutem Wetter im Innenhof des Cafés zu relaxen.
burg-huelshoff.de

UNTERKUNFT: Ob ins Münsterland, über die grüne Grenze nach Holland oder in die Grafschaft Bentheim: Vom verkehrstechnisch günstig gelegenen Hotel **Gutsschänke Holsterfeld** in Salzbergen bieten sich zahlreiche Touren durch sehenswerte Regionen an. Geboten werden regionale Küche, bestens ausgestattete Hotelzimmer und kostenlose Garage fürs Motorrad. **plueckers-gutsschaenke.de**

Grund und ist nicht von einem Wassergraben umgeben. Kein Wunder, thront doch die mächtige Burg Bentheim auf einem 90 Meter hohen Bergrücken. Unterirdische Sandsteinadern treten hier zu Tage und liefern den seit Jahrhunderten begehrten Baustoff. Das auch in schlechten Zeiten für Lohn und Brot sorgende, so genannte Bentheimer Gold wurde von den „Kuhlkerls“, den Steinhauern, in den „Kuhlen“, den Steinbrüchen abgebaut und stand in zwei Farbtönen zur Verfügung. Das Material ließ sich gut verarbeiten und war sehr witterungsbeständig. Gute Gründe, um europaweit exportiert zu werden.

Den Reichtum schützen

Wir holpern über buckliges Kopfsteinpflaster und durch verwinkelte enge Gassen hinauf zur Festung. Unterhalb des imposanten Pulverturms ziehen wir die Zündschlüssel und erkunden das Terrain auf Schusters Rappen. Die Spuren der Bentheimer Adligen lassen sich weit zurückverfolgen: Im Mittelalter wurden fleißigen Handwerkern und Kaufleuten Steuervorteile und Sonderrechte zugestanden, um sie zum Bleiben zu bewegen; wuchtige Stadtmauern sollten den Reichtum schützen. Und allen modernen Reformen zum Trotz schaffte es der Landkreis, bis heute als Deutschlands letzte Grafschaft zu bestehen. ◂

Route in Kurviger
Wietmarschen
Uelsen
Lingen (Ems)
B 70
B 218
Nordhorn
N349
Almelo
N743
Borne
Recke
Salzbergen
Schüttorf
B 403
A35
Hengelo
Ohne
Rheine
B 481
Ibbenbüren
Gronau
Elte
Enschede
Ochtrup
L 580
Steinfurt
B 219
A 1
Ahaus
Greven
Brock
Vreden
Havixbeck
B 481n
Stadtlohn
Telgte
Billerbeck
B 525
B 51
Münster
alten
Hochmoor
Nottuln
Wolbeck
Borken
Senden
Merfeld
2
L 572
Reken
Bocholt
Drensteinfu
Mersch
B 58
Lembeck
B 474
Raesfeld
Lüdinghausen
Wulfen
Ahlen
Capelle
Hamm
Deuten
Dorsten
Marl
Wesel
Recklinghausen
B 8
Dinslaken
L 511
Castrop-Rauxel
Bergkamen
Herten
Sterkrade
Bottrop
A 42
L 609
Unna
Herne
A 45
B 1
Gelsenkirchen
Dortmund
K 9
L 445
Bochum
Essen
Hattingen
Duisburg
Mende

Route der Industriekultur

Im Ruhrgebiet wurde Industriegeschichte geschrieben, mit positiven wie negativen Auswirkungen. Warum also nicht einmal mit dem Motorrad auf solchen Spuren wandeln – und dabei mit einigen Vorurteilen aufräumen?

Zollverein war die letzte Zeche, die in Essen ihre Pforten schloss. Heute ist das Areal Welterbe.

Grüne Lunge Ruhrgebiet: Am beliebten Bikertreff Haus Scheppen am Baldeneysee ist kaum zu vermuten, dass man sich hier noch im Kohlenpott befindet.

Das Ruhrgebiet. So gar keine unendlichen Weiten, sondern eine Ansammlung von Städten, Dörfern und Gemeinden, die irgendein Schlaumeier zur „Metropole Ruhr“ erhob. Als wenn das den Zusammenhalt fördern würde, wo gar keiner ist. Man kann ja nicht mal mit dem ÖPNV von Dortmund nach Duisburg reisen, ohne Tarifzonen- und Zuständigkeitswechsel. Und da schicken wir euch hin? Auf'm Motorrad?

Ja, das machen wir. Wir möchten nämlich gerne mit den Vorurteilen aufräumen, die viele noch im Kopf haben, wenn sie den Begriff „Ruhrgebiet“ hören. Da entstehen bis heute Bilder von Kohlehalden und qualmenden Schloten: „Da kann man ja nicht mal die Wäsche raushängen, ohne dass sie schwarz wird …“ – auch so ein gängiges Vorurteil.

Die uns als Ruhrgebiet bekannte Region liegt im Kern zwischen den Flüssen Ruhr, die den südlichen Rand bildet, Emscher und Lippe als Nordgrenze. Die Ruhr setzte sich als Namensgeber durch, weil ausgehend von ihrem Tal die Kohleförderung und damit die Grundlage einer explosionsartigen Industrialisierung von Süden nach Norden wanderte, immer schön entlang der Kohleflöze.

Das schwarze Grubengold

Der erste Kohleabbau war noch fast als Tagebau möglich, denn das schwarze Grubengold liegt, etwa im Muttental bei Witten, der Wiege des Bergbaus, nur wenige Meter unter der Erde. Rundum die zentral durch den Pott verlaufende Emscher sind es schon 600 bis fast 1000 Meter, die hier tief gegraben werden muss. Am Nordrand Richtung Münsterland verlaufen die kohletragenden Sedimentschichten in rund 1500 Metern Tiefe.

Zu Beginn des 19. Jahrhunderts gab es gerade mal eine Handvoll Städte wie Duisburg oder Dortmund. Der Rest waren versprenkelte Dörfer, selbst Gelsenkirchen oder Bochum hatten nur wenige hundert Einwohner. Die Kohleförderung ließ den Bedarf an Arbeitskräften in die Höhe schnellen. Binnen 100 Jahren hatte sich die Bevölkerung mehr als verdreißigfacht.

Den größten Schub gab es aber tatsächlich erst zu Beginn des 20. Jahrhunderts, als die Industrialisierung ihren Höhepunkt erreichte, als aus Kohle in Kokereien Koks wurde. Das wiederum diente zur Befeuerung der Hüttenwerke, in denen aus zugelieferten Erzen Stahl geschmolzen wurde.

Zwei Weltkriege und zwei große Krisen später war aber auch schon wieder Schicht im Schacht. Seit Ende der 1950er Jahre ging die Kohleförderung dramatisch zurück. Von den einstmals mehreren hundert Gruben existiert noch eine einzige, die Zeche Prosper-Haniel in Bottrop. Doch damit nicht genug: Anfang der 1970er Jahre gesellte sich noch eine formidable Stahlkrise dazu, so dass auch die nachts weithin sichtbaren Feuer zur Gasabfackelung über den Hüttenwerken der Region fast alle erloschen.

Am Ruhrgebiet wie nirgends sonst in Deutschland lässt sich die ganze Perversion der Globalisierung erkennen. Wenn es billiger – und damit profitabler – ist, Kohle und Stahl aus

TOUREN-TIPP

Das **Café Hubraum** in Solingen haben wir nicht zufällig als Start- und Zielort auserkoren. Hier kann man sowohl frühstücken als auch zu Abend essen, und das draußen – direkt am Wupper-Beach.

cafe-hubraum.de

dem fernen China zu importieren, als mit heimischen Bodenschätzen zu erzeugen, dann läuft doch irgendetwas grundsätzlich falsch. Mit Kohle und Stahl verschwand nämlich auch der Bedarf an Infrastruktur. Die vielen Bahngesellschaften gaben ihre Strecken auf, die Kanäle, teils stolze Monumente großer Ingenieurleistungen, wurden zu ganz stillen Wassern. Quo vadis, Ruhrgebiet? Wohin nur soll deine Reise gehen?

Informative Ankerpunkte

Wohin unsere Reise geht, werden wir sehen. Natürlich ist das Muttental ein sehr passender Ausgangspunkt, wenn man sich über Entwicklung und Bedeutung des Bergbaus für das Ruhrgebiet informieren möchte. Die Zeche Nachtigall ist einer der 25 Ankerpunkte entlang der Route der Industriekultur, an denen es die notwendigen Infos gibt.

Und schon an diesem ersten Stopp wird deutlich, was das Ruhrgebiet auch ausmacht. Unsere nur kurze Anreise von Solingen aus führt uns nämlich vor allem durch eines: jede Menge Grün. Denn was außerhalb des Potts kaum jemand weiß: Nur rund 38 Prozent des Ruhrgebiets sind bebaut, aber gut 41 Prozent landwirtschaftlich genutzt. Und dann kommen noch 18 Prozent ausgedehnte Waldflächen hinzu. Der Rest sind Gewässer, neben den Flüssen auch zahlreiche durch Stauung entstandene Seen. Es grünt also ziemlich grün zwischen Ruhr, Emscher und Lippe.

Als Nächstes rollen wir einmal rund um den Kemnader See und müssen feststellen, dass wir mitten ins Zeltfestival Ruhr geraten sind. Das ist

Das Bochumer Eisenbahnmuseum ist ganz der Blütezeit der Dampflokomotiven gewidmet.

auch so eine Sache im Pott: die Kultur. Eine lebendige Szene für Musik, Kunst, Theater und vieles mehr bietet ganzjährig reichlich Abwechslung.

Gerne würden wir uns schnell davonmachen, doch schnell ist hier nicht. Bei allem Grün befinden wir uns stets in irgendeiner Stadt. Tempo 50 ist normal, Tempo 30 oft anzutreffen, Tempo 70 die Ausnahme. Und wir sind ja nicht hergekommen, um mit höchstens 100 über die A 40, den „Ruhrschleichweg", zu rauschen.

Ungebrochener Lebensmut

Das würde auch nicht viel bringen, denn so kämen wir kaum an die zahlreichen Attraktionen entlang der Route der Industriekultur heran. Also folgen wir der übrigens exzellenten Beschilderung von einem Ziel zum nächsten. An der Henrichshütte in Hattingen, gegen deren Schließung 1987 gut 5 000 Malocher eine Menschenkette bildeten, hängen heute die Porträts von 100 ehemaligen Mitarbeitern nebst Zitaten von ihren Gedanken und Gefühlen zur Schließung. Zerplatzte Träume, zerstörte Hoffnungen, aber auch der ungebrochene Lebensmut dieser Menschen werden eindrücklich dargestellt.

Nur wenige Kilometer weiter betreiben viele Freiwillige ein wunderbares Museum, bei dessen Anblick auch manch hartgesottener Biker „Pipi inne Augen" bekommt.

Am Zaun rund um die ehemalige Henrichshütte in Hattingen sind 100 ehemalige Mitarbeiter porträtiert.

Das Eisenbahnmuseum in Bochum-Dahlhausen bietet Eisenbahngeschichte zum Anfassen. Besonders die Erinnerung an die Zeit der Dampflokomotiven, die mit ihren rauchenden Schloten so gut zum Ruhrgebiet passten, das sie vor allem mit Erz versorgten, soll hier für die Nachwelt erhalten werden.

Erstaunlich kurvenreich winden wir uns von hier immer schön an den Ufern der Ruhr entlang bis zum Baldeneysee, einem zentralen Naher-

In den Landschaftspark Duisburg Nord rund um das ehemalige Thyssen-Hüttenwerk strömen jährlich eine Million Besucher.

holungsgebiet in Essens Süden. Wir steuern den beliebten Bikertreff am Haus Scheppen an. An einem sonnigen Sonntag wabern Grillgerüche über den proppenvollen Parkplatz am Bootsanleger.

Die auf dem See dümpelnden Enten und Schwäne sind gut genährt, weil gut gefüttert. Vom Ufer aus schweift der Blick über das Gewässer. Gegenüber erheben sich bewaldete Hügel, aus denen nicht nur – ziemlich unwirklich in solcher Umgebung – ein ehemaliger Förderturm herausragt. In ihnen verbirgt sich auch die Villa Hügel, das ehemalige Wohn- und Repräsentationshaus der Industriellenfamilie Krupp. 8100 Quadratmeter, verteilt auf 269 Räume, umfasst das Anwesen, dessen Besichtigung einen tiefen Einblick in den Reichtum vermittelt, den Alfred Krupp und seine Nachfahren nicht zuletzt dank der beiden Weltkriege, für die Waffen und Munition geliefert wurden, ansammeln konnte.

Die Kunstwerke auf den Abraumhalden des Ruhrgebiets sind weithin sichtbare Monumente des strukturellen Wandels, wie der Tetraeder hoch über Bottrop.

Herausragende Museen

Einen ganz anderen Anblick bietet das zum Welterbe gehörende Gelände der Zeche Zollverein, die als letzte in Essen 1986, einen Tag vor Heiligabend, ihre Tore schloss. Die gigantische Industrieanlage wurde in weiten Teilen erhalten und ist heute Heimat einiger herausragender Museen, darunter auch das Red Dot Design Museum.

Wie stark der Bezug der Menschen im Ruhrgebiet zu ihrer industriellen Geschichte noch heute ist, belegt auch die Tatsache, dass Zollverein ein beliebtes Fotomotiv etwa für Hochzeitsbilder ist. Gerade, als wir unsere Aufnahmen für diese Tour schießen, lässt sich wieder ein junges Paar vor dem Industrie- und Architekturmonument ablichten.

Die alten Industrieanlagen aus der Kohle-und-Stahl-Zeit des Ruhrgebiets machen heute einen großen Teil der Route der Industriekultur aus. Mit dazu gehört auch der Gasometer in Oberhausen. Mit 117 Metern Höhe und knapp 68 Metern Durchmesser war er bis 1988 Europas größter Scheibengasbehälter – und ist heute die höchste Ausstellungs- und Veranstaltungshalle Europas. Dabei sollte er eigentlich abgerissen werden, doch die

chronisch klamme Ruhrkohle AG als Besitzerin konnte sich nicht aufraffen. Schließlich kaufte die Stadt das gesamte Gelände und integrierte es in die zur gleichen Zeit geplante Neue Mitte.

Ein ganzer Stadtteil ist seither zusammen mit einem gigantischen Einkaufs- und Veranstaltungszentrum rund um den Gasometer entstanden. Eine gute Übersicht erhält man von der Aussichtsplattform auf dem „Deckel" des Bauwerks. Auch das gesamte westliche Ruhrgebiet ist von hieraus gut zu überblicken.

Im Landschaftspark

Unser nächstes Ziel ist an einem guten Tag von dort auszumachen: der Landschaftspark Duisburg Nord. Rund um ein ehemaliges Hüttenwerk, dessen Bestandteile in den Park integriert wurden, entstand eine gut 180 Hektar große Freizeitanlage, die jährlich über eine Million Besucher anzieht. Die können hier auf alpinen Steigen mit höchstem Schwierigkeitsgrad klettern und im ehemaligen Gasometer Tauchen üben oder lernen, auf Wanderungen die gepflegten Bunkergärten genießen oder bei einer lehrreichen Führung den gut 70 Meter hohen Hochofen 5 erklimmen. Das Highlight dürfte aber für jeden ein Besuch am Abend sein. Bis ein Uhr nachts sind die Industrieanlagen mit Lichtinstallationen von Jonathan Park illuminiert.

Kunst am Bau ist vielerorts im Ruhrgebiet zum Thema geworden und damit ebenfalls in die Route der Industriekultur integriert. Viele Kunstwerke sind als „Panoramen"

Das Geleucht erhebt sich hoch über Moers und ist eine der eindrucksvollsten Landmarken im Ruhrgebiet.

TOUREN-STECKBRIEF

STRECKENLÄNGE 198 Kilometer

ROADBOOK Solingen, Wetter, Witten, Hattingen, Werden, Mühlheim an der Ruhr, Essen, Bottrop, Oberhausen, Duisburg, Mettmann, Solingen.

CHARAKTERISTIK Zum Kern der Route der Industriekultur gehören 25 sogenannte Ankerpunkte, darunter zahlreiche Museen, 13 bedeutende Siedlungen verschiedener Epochen sowie 17 als Panoramen der Industrielandschaft bezeichnete Aussichtspunkte, die meisten davon auf den aus Abraummaterial des Bergbaus aufgeschütteten Bergehalden. 30 Themenrouten mit rund 900 weiteren Standorten der Industriekultur ergänzen das System der Route und bieten vertiefende Einblicke zu speziellen Themen und Teilregionen. Erfahrbar wird dieses industriekulturelle Erbe der Region auf einem 400 km langen Straßenrundkurs. Braune Hinweisschilder mit Richtungsangaben weisen an den Straßen des Reviers den richtigen Weg. Die Straßenroute verbindet alle Hauptstandorte der Route der Industriekultur miteinander. Weitere interessante Objekte, die in der Nähe der Straßenroute liegen, sind als Abzweigungen ausgeschildert.

ATTRAKTIONEN Zum regionalen Tourismus-Projekt **Route der Industriekultur** gibt es eine passende Website, in der man Tipps zu den anfahrbaren Punkten und Sehenswürdigkeiten und viele weitere Informationen findet. Das zentrale Besucherzentrum der Route befindet sich auf dem **UNESCO-Welterbe Zollverein** in Essen (51.48783, 7.04358).

route-industriekultur.ruhr

UNTERKUNFT Der **Gräfrather Hof** in Solingen bietet modernes Ambiente, eine tolle Gastronomie und ein kleines Spa. **hotel-graefratherhof.de**

ausgewiesen, weil sie auf ehemaligen Abraumhalden entstanden und von dort aus weitreichende Ausblicke über immer andere Teile dieser wirklich sehenswerten und vielfältigen Region bieten.

Der Tetraeder in Bottrop etwa ist selbst weithin sichtbar und nicht zu verfehlen. In die als dreiseitige Pyramide gestaltete Hauptkonstruktion sind in verschiedenen Höhen Aussichtsplattformen eingehängt, die man über Treppen erklimmt. 210 Tonnen Stahl wurden verbaut. Dennoch wirkt die Konstruktion fragil und leicht.

Das Geleucht weist den Weg

Auf der Halde Rheinpreussen in Moers, dem westlichen Ende des Ruhrgebiets, steht eine überdimensionale Grubenlampe: das Geleucht, entworfen von Otto Piene. 30 Meter hoch reckt sich der Turm in Lampenform in den Himmel und weist in der Nacht einem Leuchtturm gleich den Weg, je nach Blickrichtung in den Pott rein oder aus ihm heraus.

Wir drehen allerdings schon vorher ab. Von Duisburg aus schwenken wir südwärts, ein Stück den Rhein entlang und dann „über die Dörfer" zurück ins Bergische Land. Das hat übrigens auch faszinierende Industriegeschichte zu bieten, kleiner, überschaubarer, familiärer. Doch dies ist schon die nächste Geschichte … ◂

Route in Kurviger
Dorsten
A 52
Marl
L 511
B 224
Recklinghausen
Castrop-Rauxel
K 4
L 638
Gladbeck
Dinslaken
Herne
B 235
A 45
L 608
Bottrop
Sterkrade
L 633
Gelsenkirchen
A 59
A 3
B 227
B 226
A 42
B 231
L 631
Essen
Wattenscheid
Bochum
L 140
Oberhausen
A 448
A 44
A 40
Duisburg
L 551
K 12
Mülheim an der Ruhr
L 651
A 43
Hattingen
Werden
Kettwig
Wetter (Ruhr)
Velbert
Sprockhövel
Gevelsberg
L 700
Lintorf
Heiligenhaus
Ratingen
B 483
Wuppertal
K 19
L 527
Schwelm
Mettmann
B 1
B 7
L 419
Düsseldorf
L 357
A 1
A 46
Radevormwald
Solingen
Remscheid
L 74
B 228
Hilden
A 3
B 237
Wipperfürth
A 57
Langenfeld
L 291
Dormagen
L 219
Burscheid
L 188
1 2 3 4 km

In feinen Kurven hoch hinaus geht es an den Wupperhängen nahe Solingen.

Über die Wupper

Flüsse sind ein dominanter Bestandteil westdeutscher Landschaften. Sie bilden seit jeher das Rückgrat der industriellen Evolution. Die Wupper hat über Jahrhunderte viel dazu beigetragen.

Die Wupperquelle liegt zwar im Verborgenen, wird dort aber anschaulich erklärt.

Ein leichter Nieselregen legt sich über alles, was draußen kreucht und fleucht. Typisch Bergisches Wetter? Nein, ein Vorurteil, gerne von Einheimischen ins Spiel gebracht, um Besucher abzuschrecken. So heißt es jedenfalls im Bergischen Land, der weitgehend grünen Region südlich des Ruhrgebiets. Dabei ist Regen wirklich eine recht häufige Erscheinung. Schließlich stellen die Höhenzüge des Bergischen das erste nennenswerte Hindernis für die gerne von Westen hereinströmenden Wolken dar, die sich dann natürlich auch schon mal entleeren.

Neben Wiesen, Wäldern und Weilern ist die gerne auch „Grüne Lunge des Potts“ bezeichnete Gegend vor allem von Wasser geprägt. Unzählige Bach- und Flussläufe durchziehen das Gebiet, haben das Land durch ihre Kraft geprägt, sind aufgestaut in Talsperren oder rauschen von den Hängen. Nicht wenige davon treffen sich irgendwann in einem Fluss, der so etwas wie die Schlagader des Bergischen ist: der Wupper.

Keine Berge im Bergischen

Die Bezeichnung Bergisches Land hat übrigens nichts mit der landschaftlichen Ausprägung zu tun, auch wenn man das angesichts der Höhenlagen bis über 500 Meter vermuten könnte. Terre Montensis bezeichnete man das Gebiet, das im Mittelalter die Grafen von Berg regierten. Grob eingrenzen lässt sich ihr Territorium von Flüssen: dem Rhein im Westen, der Ruhr im Norden, der Sieg im Süden. Nur zum Sauerland hin fehlt eine solche Abgrenzung, wenn auch Wupper und Agger so etwas wie einen natürlichen Schlussstrich unter das Bergische ziehen.

Wasser hat Kraft. Und die wussten die Bergischen früh zu nutzen. In kleinen Bergwerken gefördertes Erz wurde gleich vor Ort verarbeitet. Entlang der Bäche und Flüsse entstanden Schmieden und Hammerwerke, meist nicht mehr als dunkle, feuchte Einraumhütten. Hohes Gefälle ließ das Wasser von den Hängen nur so rauschen, dessen Kraft sich eine aufstrebende Kleineisenindustrie zu Nutze machte.

Am Lauf der Wupper entlang

Es liegt daher nahe, das Bergische Land am Lauf der Wupper entlang zu erforschen. Das mag nicht sonderlich spektakulär klingen, eröffnet aber jedem, der sich interessiert darauf einlässt, tiefe Einblicke in eine Natur- und Wirtschaftsregion, die bis zu ihrer Ablösung durch das Ruhrgebiet gegen Ende des 19. Jahrhunderts sogar mal das stärkste Wirtschaftszentrum des deutschen Kaiserreichs war. Das Bergische Land gehörte mittlerweile zur preußischen Rheinprovinz, nachdem in Folge der Napoleonkriege sich die politische Struktur Zentraleuropas deutlich verändert hatte.

Der Fluss entspringt noch als Wipper in der Nähe von Marienheide. In einer unscheinbaren Quelle vor einem Gasthaus macht er sich auf eine 116 Kilometer lange Reise, die einen ungewöhnlichen Verlauf nimmt. Schon früh ändert das Gewässer seine Fließrichtung von West nach Nord, dreht anschließend eine ausgiebige Schleife um das Bergische Städtedreieck Wuppertal, Solingen und Remscheid und fließt schließlich wieder westwärts zum Rhein hin ab. Beim Leverkusener Stadtteil Rheindorf ergießt sich die Wupper dann in den Rhein. 400 Höhenmeter hat das Gewässer bis dahin abgearbeitet.

Wir haben uns an der offiziellen Wupperquelle, einer von insgesamt 37 vermuteten, getroffen, um gemeinsam durchs Bergische Land zu touren. Schnell ist Wipperfürth erreicht, die alte Hansestadt, bei deren Furt durch

Im Hückeswagener Schloss residieren Teile der Stadtverwaltung.

Von Wülfings Fabrikhallen ging einst feines Tuch in alle Welt. Heute ist es ein spannendes Industriemuseum.

den dort noch schmalen Fluss die Namensänderung von Wipper zu Wupper vollzogen ist. Nächster Stopp ist die Schlossstadt Hückeswagen. Die Bever ist die erste Talsperre, an der ein Nebenfluss der Wupper gestaut wird, 18 gibt es insgesamt an Nebengewässern oder der Wupper selbst. Früher gab es hier einen beliebten Motorrad-Treff, doch nachdem die Stadt den Imbissbetreibern die Lizenzen nicht verlängert hat, ist es deutlich ruhiger geworden am historischen Damm. Heute sowieso, denn das Wetter lädt nicht gerade zu Tour und Plausch ein.

Wir rollen in die malerische Altstadt von Hückeswagen ein und den Schlossberg hinauf. Sofort fallen die verschieferten Häuser mit ihren weißen Fensterrahmen und grünen Schlagläden auf, wie sie für das Bergische so typisch sind. Die Grundstruktur der Gebäude ist ein Fachwerk, das oft mit Lehm aufgefüllt wurde. Der Schiefer wurde ab dem 18. Jahrhundert genutzt, um die Häuser wetterfest zu machen.

Löwe aus Stahl gefräst

Das Schloss stammt wohl aus dem 13. Jahrhundert und war lange in einem elenden Zustand. Gegen Ende des 19. Jahrhunderts übernahm die Stadt die Anlage, restaurierte sie und nutzt sie seither für Teile der Stadtverwaltung. Das kleine Heimatmuseum ist mittlerweile geschlossen. Dafür haben wir am Schlossplatz dann unsere erste Begegnung mit dem „Bergischen Löwen“, dem Wappentier der Grafschaft Berg. Als Reminiszenz an die Eisen- und Stahlwirtschaft der Region ist dieser aus einer Stahlplatte herausgefräst.

Am anderen Ende von Hückeswagen beginnt mit der Wuppertalsperre der größte Stausee entlang des Flusses. Wir umfahren die Brauchwassersperre, die vor allem früher allgegenwärtige Hochwasser reguliert, über feine Nebenstrecken und schwingen uns anschließend nach Radevormwald, der „Stadt auf der Höhe". Der Abstecher bleibt kurz, denn es sind die außerhalb des Zentrums liegenden Wupperortschaften, die uns anlocken.

Feinstes vom Tuchmacher

In Dahlhausen und mehr noch Dahlerau saß einst ein Zentrum hochwertiger Textilproduktion. Die Tuche und Stoffe von Schürmann & Schröder und vor allem Johann Wülfing & Sohn genossen Weltruf. Im Wülfingmuseum, untergebracht in den in klassischer Backsteinarchitektur errichteten, ehemaligen Werkshallen, lässt sich dieser faszinierende Teil der Bergischen Industriegeschichte auf spannende Art und Weise nachvollziehen. Wasserturbinen erzeugten früh die für den Betrieb nötige Energie, speisten aber auch Strom ins öffentliche Netz ein und versorgten die um die Fabrik herum entstandene Arbeitersiedlung. Wer sich für Industriegeschichte interessiert, findet in Dahlerau ein Gesamt-Ensemble, in dem es sich gut ein paar Stunden verweilen lässt.

Und zieht es weiter. Aus dem engen Tal geht es Richtung Beyenburg. Der historische Ortskern mit der markan-

Zu Füßen der Klosterkirche in Beyenburg entstand ein malerischer Stauwehr.

Die Schwebebahn ist Wuppertals große Attraktion – und dabei noch ein zuverlässiges Transportmittel.

> **TOUREN-TIPP**
>
> Es gibt viele Produkte, die im Alltagsleben eines jeden eine Rolle spielen – nicht wenige davon stammen aus Bergischer Produktion. Eines ist bis heute unübertroffen: Schneidwerkzeuge aus Solingen. Rund um die scharfen Teile ist das sehenswerte **Klingenmuseum** entstanden. In der Umgebung sind die typischen Fachwerk- und Schieferhäuser zu bewundern.
>
> **GPS** 51.209903, 7.073010

ten Klosterkirche liegt gut geschützt in einer Schleife der Wupper und wacht heute über einen weiteren Stauwehr, mit dem das Wasser des Flusses reguliert wird.

Wir rollen, auf Tempo 50 eingebremst, an einem weiteren Weltunternehmen vorbei: Erfurt. Der aus einer kleinen Papiermühle am Fluss hervorgegangene Tapetenhersteller ist bis heute das Synonym für Raufaser. Nur wenig später erreichen wir Kemna und machen Halt am Mahnmal für ein unrühmliches Kapitel deutscher Geschichte. Auch hier stand ein KZ,

in dem allerdings ausschließlich politische Häftlinge aus der Region zusammengepfercht wurden.

Welterfolg dank Thermomix

Kaum wieder auf der Straße, sehen wir noch so einen Industriegiganten. Vorwerk. Das Unternehmen hat wohl in jeden deutschen Haushalt mindestens ein Gerät verkauft, sei es der erfolgreiche Kobold Staubsauger oder der mittlerweile zum Hauptumsatzträger aufgestiegene Thermomix. Begonnen hatte die Geschichte des noch immer Familien geführten Unternehmens allerdings auch hier mit Stoffen: Teppichen und Möbelbezügen.

Wir schwenken auf die B 7 ein, die Hauptverkehrsader Wuppertals. Die mit rund 359 000 Einwohnern größte Stadt im Bergischen Land führt den Namen erst seit 1930, nachdem die zuvor kreisfreien Städte Barmen und Elberfeld mit Ronsdorf, Cronenberg (wo unser Verlag seinen Sitz hat) und Vohwinkel vereint wurden.

Die einzigartige Schwebebahn

Die Lage Wuppertals ist einzigartig. Die Stadt zieht sich über 20 Kilometer im Tal wie an den Anhöhen am Verlauf der Wupper entlang. Nicht zuletzt diese Besonderheit führte zur Konstruktion eines der bekanntesten öffentlichen Verkehrsmittel der Welt: der Wuppertaler Schwebebahn.

Auf 13 Kilometern steht das markante Stahlgerüst für die daran hängenden Doppelwaggon-Züge zwischen den Endbahnhöfen Oberbarmen und Vohwinkel fast durchgängig über dem Flussbett der Wupper. Eröffnet wurde die Schwebebahn 1901, seit 1997 steht sie unter Denkmalschutz. Noch heute gilt es unter Besuchern der Stadt als Pflicht, wenigstens einmal mit der Schwebebahn gefahren zu sein. Besonders beliebt ist eine Tour mit dem historischen Kaiserwagen aus dem Jahr 1900, der für Ausflüge auch gemietet werden kann. >

Züge kreuzen das Tal der Wupper auf der Müngstener Brücke in 107 Metern Höhe.

Wir touren natürlich mit den Motorrädern unter und neben der Schwebebahn durch die Stadt. Nicht in voller Länge, aber zumindest weit genug, um an den Toren der Bayer-Werke vorbeizurollen. Der Pharma- und Chemiegigant, heute weltweit mit Leverkusen in Verbindung gebracht, wurde 1863 hier gegründet und hat noch heute ein ellenlanges Werksgelände entlang der Wupper in Betrieb. Eigentlich als Fabrik für synthetische Farben gegründet, wurden hier das berühmte Aspirin wie auch ein erstes Breitband-Antibiotikum erfunden.

Schnitzel im Café Hubraum

Es geht in die Höhenlagen der Stadt. Die besondere Topographie führt zu einem kurvenreichen Straßengetümmel, das aus Wuppertal hinaus in die anliegenden Ortsteile reicht. Über Cronenberg, wo einige noch heute als Weltmarktführer agierende Werkzeughersteller, etwa der Zangenspezialist Knipex oder jedem Motorradschrauber bekannte Namen wie Wera und Stahlwille, residieren, rollen wir hinab zur Kohlfurth. Es ist früher Nachmittag, also Zeit, sich eines der Biker-Schnitzel im Café Hubraum zu gönnen.

Der auch überregional bekannte und beliebte Biker-Treff liegt direkt an der Wupper und verströmt in seinem Biergarten Beach-Atmosphäre. Selbst an einem bedeckten Tag wie heute ist hier einiges los. Am Wochenende, an sonnigen zumal, ist oft kaum ein Platz fürs eigene Bike zu finden. Ein Triumph-Schnitzel später (mit Spiegelei, Speck und Bratkartoffeln) rollen wir weiter zum nächsten Mega-Bauwerk der Gegend.

Die Müngstener Brücke streckt sich bei Solingen in schwindelerregenden 107 Metern Höhe auf 465 Metern Länge über das Tal der Wupper. Damit ist die Denkmal geschützte Stahlbogenkonstruktion aus dem Jahr 1897 die höchste Eisenbahnbrücke Deutschlands. Zu ihren Füßen wurde der Brückenpark angelegt, ein beliebter Naherholungsort.

Schneidwaren aus Solingen

Einige spannende Kurven später stürzen wir uns erneut ins Tal der Wupper, dieses Mal an den Nordhängen, einer natürlichen Engstelle, die sich in eine erweiterte Auenlandschaft öffnet. Hier begegnen wir nun dem nächsten Produkt, mit dem Unternehmen aus dem Bergischen Land global bekannt wurden: Klingen.

Solingen gilt als Zentrum der deutschen Schneidwarenindustrie. Schon im Mittelalter siedelten sich Schleifer in kleinen Kotten an den Bachläufen des Gebiets an und nutzten auch für ihren anstrengenden Beruf die Kraft des Wupperwassers. Wie das aus-

In Schloss Burg residierten einst die Namensgeber des Bergischen Landes, die Grafen von Berg.

sah, lässt sich noch heute lehrreich im Schleifermuseum Balkhauser Kotten beobachten, den ein rühriger Verein betreibt. Zur Hochzeit dieses Industriezweigs gab es tausende kleiner Kotten. Im Gegensatz zu dem recht großen Balkhauser Gebäude, waren die meisten nur kleine Verschläge, in denen Schleifer und ihre Familien auch noch unter ärmlichen Verhältnissen lebten. Die Reste einiger dieser Kotten und wenige erhaltene Exemplare lassen sich bei einer Tour durch das angrenzende Morsbachtal ansteuern. Allerdings auf verborgenen Wegen, die nicht mal allen Einheimische geläufig sind.

Wir nehmen Anlauf und steuern Schloss Burg an. Das auf einem Felsen über der Wupper thronende Anwesen war der Sitz der Grafen von Berg. Im Hochmittelalter war es deren Hauptresidenz, bis es den Adel ins aufstrebende Düsseldorf zog. Im 19. Jahrhundert stand die Anlage kurz vor dem endgültigen Verfall. Ein Verein bemühte sich um den Erhalt, sammelte großzügige Finanzierung von Kaiser und Industrie und schaffte die Restaurierung. Heute beherbergt das Schloss ein beliebtes Museum und etablierte sich als Veranstaltungsort.

Waffeln mit heißen Kirschen und Sahne – eine Spezialität

Für uns schließt sich mit den Grafen von Berg der Kreis unserer Tour – jedoch nicht, ohne uns eine üppige Portion Waffeln mit heißen Kirschen und Sahne zu gönnen, auch dies eine Bergische Spezialität. Das Solinger Klingenmuseum schlabbern wir zugunsten unserer individuellen Rückfahrten zu den jeweiligen Heimatadressen. Besuchern der Region sei es aber mehr als empfohlen – es ist auch in den GPS-Daten zu dieser Tour enthalten. ◂

TOUREN-STECKBRIEF

STRECKENLÄNGE: rund 125 Kilometer

ROADBOOK: Börlinghausen (Quelle), Wipperfürth, Hückeswagen, Radevormwald, Beyenburg, Wuppertal, Solingen-Burg, Gräfrath, Leichlingen, Rheindorf (Wuppermündung in den Rhein).

ETAPPEN: Wer sich für Industriegeschichte interessiert, wird mindestens zwei Tage benötigen. Die Tour lässt sich auch gut mit einem Abstecher nach Remscheid kombinieren, wo das Deutsche Werkzeugmuseum und das Röntgenmuseum gerne Besucher empfangen.

CHARAKTERISTIK: Man sollte sich nicht stoisch am Lauf der Wupper orientieren, dann findet sich im Bergischen Land viel kurvenreiches Geläuf.

ATTRAKTIONEN: das **Wülfing-Museum** (51.221435, 7.31619), die Wuppertaler **Schwebebahn** (51.27471, 7.22276), die **Müngstener Brücke** (51.16286, 7.13766), **Schloss Burg** (51.137581, 7.15354), und der **Balkhauser Kotten** (51.13794, 7.11067).

UNTERKUNFT: Das **Ascot Hotel** ist ein modernes Haus mit individuell eingerichteten Zimmern. Es liegt zudem direkt neben dem Deutschen Werkzeugmuseum in Remscheid. **ascothotel.de**

Ratingen
Schwelm
Ennepetal
Wuppertal
Radevormwald
Lüdenscheid
Remscheid
Solingen
Hilden
Hückeswagen
Wermelskirchen
Leichlingen
Wipperfürth
Meinerzhagen
Langenfeld
Burscheid
Marienheide
Borlinghause
Kürten
Rheindorf
Leverkusen
Lindlar
Gummersbach
Bergisch Gladbach
L 156
A 1
K 19
L 527
A 3
B 7
B 228
L 419
A 46
B 22
85
3 224
L 74
A 59
A 4
B 237
L 219
A 542
B 256
L 291
A 57
B 8
L 136
Route in Kurviger

Auf der Hohen Bracht genießt man ein ganz prächtiges Sauerlandpanorama.

Täler & Talsperren

Wer wissen möchte, woher umweltfreundliche Energie und sauberes Trinkwasser kommen, schwingt sich in den Motorradsattel und erkundet das Sauerland.

Der quirlige Bikertreff am Diemelsee liegt an der Grenze von NRW und Hessen.

Mauern können brutal trennen, wie einst jene in Berlin. Sie können aber auch effektiv schützen, wie das Beispiel in China zeigt. Aber auch Energie spenden, wenn sie, wie im Sauerland, riesige Wassermassen aufstauen. Unsere Motorräder haben noch nicht einmal die Betriebstemperatur erreicht, als wir am Ende des Dumicktetals auf einen Zipfel des zerklüfteten Biggesees im Naturpark Ebbegebirge treffen. Seit rund 50 Jahren wird hier feuchtes Nass gespeichert, und zwar so viel, dass nicht nur Segeljachten ihre Kreise ziehen, sondern sogar zwei ausgewachsene Fahrgastschiffe, die MS Bigge und die MS Westfalen, ihre Runden drehen können. Kaum haben wir die elegante Brücke aufs südöstliche Ufer passiert, lassen wir unsere Maschinen mit zulässiger Höchstgeschwindigkeit, legal, aber politisch völlig unkorrekt, durch Unter-, Mittel- und Oberneger schwingen.

Die Türme

Und woher stammt der Begriff Sauerland? Mit Erreichen der Abzweigung zur Hohen Bracht, unserem ersten anfahrbaren Hochziel des Tages, verschieben sich die Prioritäten: Der Fahrspaß verdrängt die Neugier und rückt auf Platz 1 vor! Obwohl der grau geschieferte Turm schon von der Straße aus sichtbar ist, dauert es noch eine kleine Ewigkeit, bis wir die fast 600 Meter hohe bewaldete Bergkuppe erreichen. Der Grund dafür ist die an eine große Portion Spaghetti erinnernde Streckenführung. Kaum haben wir die Aussichtsplattform des gleichnamigen Turmes erklommen, liegt uns die Burg Bilstein buchstäblich zu Füßen, während sich am Horizont das Ebbegebirge, das Lennebergland, die Saalhauser Berge und das Rothaargebirge aneinanderreihen. Bei näherer Betrachtung haben die Werbestrategen mit der forschen Behauptung „Land der tausend Berge" den Mund wirklich nicht zu voll genommen.

Mini-Stilfser-Joch

Im nahen Kirchhundem angekommen, brauchen wir nur der Ausschilderung Panorama-Park Sauerland folgen, um wenige Kilometer später eine Art Stilfser-Joch-Auffahrt en miniature mit allen Sinnen zu genießen.

Der Anstieg zum Rhein-Weser-Turm hat voralpinen Charakter und weckt die Lust auf den sauberen Strich. Mit dem Erreichen des Parkplatzes unterhalb unseres zweiten anfahrbaren Hochpunktes haben wir den Kamm des waldreichen Rothaargebirges erreicht. 1932 wurde die Konstruktion in Rekordzeit errichtet. Und weil wir die sieben Etagen hinauf zu den Aussichtsfenstern auch in Rekordzeit geschafft haben, gönnen wir uns anschließend eine Pause, um wieder zu Atem zu kommen.

Auf dem rund 700 Meter hohen Westerberg verläuft die Wasserscheide, die dem hölzernen Aussichtspunkt seinen Namen gab: Während an der Westseite fallende Niederschläge letztendlich im Rhein münden, fließen die an der Ostseite niedergehenden Regentropfen später in die Weser. Die vielen Bäche und Flüsse sollen der Region den Namen gegeben haben, meinen die Gelehrten, andere wiederum führen den Begriff

Der Turm Hohe Bracht ist ein beliebtes Ausflugsziel.

Dank Stahlseilen trotzt der Rhein-Weser-Turm den ruppigen Winden des Rothaargebirges.

auf einen alten Germanenstamm zurück. Und die haben Wisente gejagt, denn Fleisch und Fell sicherten das Überleben. Unsere Urahnen sind verschwunden, die gehörnten Großrinder zurück.

König der sauerländer Berge

Die kurvenreiche Bergetappe zwischen Aue und Fleckenberg führt uns durch die 2012 eingeweihte „Wisent-Wildnis", ein 20 Hektar großes, naturbelassenes Areal, das einer jungen Herde neuen Lebensraum schenken soll. Wenig später streben wir gegen den Strom in Richtung Lennequelle. Schmallenberg mit seinen kunstvoll verzierten Schieferfassaden sieht nur noch unsere Rücklichter, als wir erwartungsvoll die Hochsauerland-Höhenstraße unter die Räder kommen lassen.

Der 841 Meter aufragende Gipfel des Kahlen Asten ist nicht nur unser drittes anfahrbares Hochziel, sondern auch der dritthöchste Berg des Rothaargebirges. Der Astenturm ist der Senior des heutigen Türme-Quartetts, er wurde schon im 19. Jahrhundert eröffnet. Während er für eine fantastische Rundumsicht sorgt und in der benachbarten meteorologischen Station Wetterbeobachtungen durchgeführt werden, läuft die Kaffeemaschine im Bistro auf Hochtouren, denn der „König der sauerländer Berge" ist ein äußerst beliebter Bikertreff. Besonders heute, weil er seinem Ruf, sonnenscheinärmster Punkt Deutschlands zu sein, zum Glück nicht gerecht wird.

Die echten Wisente verbergen sich im Wald, da muss das stählerne Exemplar fürs Foto stillhalten.

Die Lennequelle, die hier irgendwo im Unterholz verborgen scheint, lassen wir links liegen, rollen durch das quirlige Winterberg und beschleunigen zur Kinderstube der Ruhr.

Gut ausgeschildert, mit kleinem Parkplatz und bequem zu Fuß zu erreichen, staunen wir über das glucksende Rinnsal, das auf seinem Weg westwärts zu einem wichtigen Strom wachsen wird und einem bedeutenden Wirtschaftsstandort seinen Namen verleiht. Einige Historiker führen den Begriff Sauerland übrigens auf „Süderland" zurück: Gebiete, die südlich der Ruhr liegen.

Mit dem Abzweig nach Düdinghausen verlassen wir die kurzweilige Hochsauerland-Höhenstraße und wechseln auf einer klitzekleinen

Direkt an der Ruhrquelle lassen sich Größe und Bedeutung des Wasserlaufs noch nicht erkennen.

Asphaltpiste nach Hessen. Beeindruckt gleiten wir in Willingen zwischen den langen Beinen des fast hundertjährigen Eisenbahnviaduktes hindurch, um uns kurz danach der einsamen, leicht geschwungenen Straße zum Diemelsee hinzugeben. Mit dem Bau des von der Diemel gespeisten, zerklüfteten Wasserreservoirs wurde vor rund hundert Jahren begonnen. Seine Aufgabe bestand darin, unterschiedliche Wasserstände im Mittellandkanal auszugleichen. Heutzutage dient er Erholungssuchenden und bildet das Herzstück des Naturparks Diemelsee.

Tschüss Hessen! Zusammen mit dem Wasserlauf erreichen wir Marsberg. Kaum haben wir die B 7 gequert, spendiert der Fürstenberger Wald eine Lage Kurven, die über einen Höhenzug bis an das begrünte Ufer der Aabach-Talsperre reichen. Das recht junge Staubecken dient zur Trinkwasserversorgung der gesamten Region. Und weil man das klare Nass nicht nur zum Durstlöschen, sondern auch zum Waschen nutzen kann, liegt es nahe, das benachbarte Dörfchen mit dem seltsamen Namen Bleiwäsche zu besuchen. Hier wurde vor vielen hundert Jahren Blei abgebaut und vor Ort „gewaschen".

> **TOUREN-TIPP**
>
> Die **WISENT-WELT** (GPS 51.092488, 8.265752) in Wittgenstein am Rothaarsteig umfasst ein Gelände von rund 20 Hektar und ist die naturbelassene Heimat einer kleinen Familie dieser vom Aussterben bedrohten Großrinder. **wisent-welt.de**

Schmucker Ortskern

Am Rande der Briloner Hochfläche finden wir zurück auf die B 251 und biegen ins Rosendorf Assinghausen ab. In der dortigen Grimmestraße reihen sich wunderschöne Fachwerkhäuser aneinander und führen uns in den schmucken Ortskern zum Denkmal des westfälischen Heimatdichters und sauerländischen Originals Friedrich Wilhelm Grimme, der dem Volk vortrefflich aufs Maul schaute.

In Siedlungshausen erneut auf der verschlungenen Höhenstraße unterwegs, haben wir damit den Langenberg und den Hegekopf umrundet, zwar nicht das Dach der Welt, aber das Höchste im Rothaargebirge. Für unseren weiteren Weg haben wir fast ausnahmslos ehrliche Landstraßen eingeplant: Unzählige Biegungen, sanfte Kuppen und kleine Wälder wechseln sich mit schmucken Giebeln, kunstvollem Fachwerk und gepflegten Vorgärten ab. Auf den Wiesen grasen Kühe, Schafe und Pferde, die sich aber nicht vom Brummen unserer Motoren ablenken lassen.

Nach einem entspannten Abstecher durchs Fredeburger Land und die Saalhauser Berge stoßen wir auf die stark frequentierte B 55, die uns am Rande des bis zu 600 Meter hohen Homert durch Eslohe zum nächsten Wasserspeicher, dem Hennesee, transportiert. Als sein Vorgänger in den 1950er Jahren unter Inkontinenz zu leiden begann, musste eine neue Staumauer her, seitdem ist alles dicht.

Geschmeidig wie ein lange getragener Lederhandschuh schmiegt sich windungsreicher Teer an das westliche Ufer des langgezogenen Gewässers und entführt uns widerstandslos in den stillen Naturpark Arnsberger Wald.

Die Brauereien

Das Sauerland hat nicht nur Kurven zu bieten, sondern auch etliche Brauereien. Egal, ob kleiner Familienbetrieb oder großer Konzern, man blickt hier

Im Höhenzug Homert werden grüne Kuppen und verträumte Dörfer durch kurvenreiche Nebenstrecken verbunden.

Diesen kunstvoll verzierten Sudkessel findet man im Zentrum der Brauereistadt Warstein.

stolz auf eine lange und meisterliche Tradition zurück. Die wohl bekannteste Gerstensaftfabrik finden wir im nahen Warstein. Nach dem obligatorischen Fotostopp am reich verzierten Sudkessel machen wir uns zur nahen Möhnetalsperre auf, wobei die verwinkelte und bildhübsche Strecke an den Kahlenbergsköpfen und der bekannten Bilsteinhöhle vorbei, unseren Reifenflanken einiges abverlangt.

Je dichter wir der zehn Quadratkilometer großen Wasserfläche kommen, desto häufiger heben wir die linke Hand zum Gruß. Wer auf Action steht, findet im Café Geronimo sein Glück: An Wochenenden ist hier die Hölle los, die Straße zwischen See und Restaurant wird dann zum Laufsteg, frei nach dem Motto: „Sehen und gesehen werden!“ Verschiedene Brücken lassen uns von Ufer zu Ufer springen, freundlich winken wir dabei dem vorüberziehenden Fahrgastschiff MS Möhnesee zu, dessen Kapitän prompt das Schiffshorn erschallen lässt. Um einen besseren Überblick zu erhalten, rauschen wir aber erst einmal auf der B 229 bis zur Kreuzung mit der quer verlaufenden B 516. Hier steht der 18 Meter hohe Bismarckturm Delecke, dessen Bau im Jahre 1912 begonnen, aber erst 20 Jahre später vollendet wurde. Dieser besondere Aussichtspunkt ist während der Motorradsaison an Sonn- und Feiertagen geöffnet und bietet nicht nur uns ein beeindruckendes Panorama.

Am östlichen Ende des Westfälischen Meeres verabschieden wir von dem Trubel und folgen der Möhne nach Neheim, wo wir erneut auf die Ruhr, die Hauptschlagader des Ruhrgebietes treffen.

Für Wasser und Strom

Bis zum Beginn der Industrialisierung und wachsender Bevölkerungsdichte unterlag der Flusspegel starken jahreszeitlichen Schwankungen. Um die auszugleichen, den Mangel an Brauch- und Trinkwasser einzudämmen und ausreichend Strom zu produzieren, wurde Anfang des 20. Jahrhunderts der Ruhrverband gegründet und die ersten, vergleichsweise kleinen Talsperren errichtet. Mit der Aufrüstung zum Zweiten Weltkrieg bedurfte es schon mächtigerer Stauseen. Und die Wirtschaftswunderjahre der

Nachkriegszeit wären ohne weitere und größere Wasserspeicher undenkbar gewesen.

„Willst Du keinen Sonnenbrand, so fahre in das Sauerland". Es ist ein offenes Geheimnis, dass die von westlichen Winden herangeführten feuchten Luftmassen sich an den Mittelgebirgszügen von Lennebergland, Ebbe- und Rothaargebirge sowie dem Homert abregnen. Woher sollten sonst die Wassermengen stammen, die von großen und kleinen Flüssen zu den Stauseen transportiert werden? Unweit von Arnsberg, der alten Hauptstadt des Herzogtums Westfalen und historischem Eingangstor ins Sauerland, erreichen wir dann schließlich mit dem Sorpesee den letzten Flüssigenergiespeicher unserer heutigen Reise.

Am westlichen Ufer verläuft oberhalb der glitzernden Wasserfläche eine Fressmeile vom Feinsten, die für jeden Geschmack und jeden Geldbeutel etwas zu bieten hat. Das Panorama über vorbeihuschende Motorräder und das 1935 fertiggestellte Staubecken gibt es gratis. Wenig später, bei Rönkhausen im Lennetal an-

Bei Vollstau bändigt die Möhneseesperrmauer 130 Millionen Kubikmeter Wasser.

Der Sorpesee ist ein beliebtes Motorrad-Ziel.

TOUREN-STECKBRIEF

STRECKENLÄNGE 440 Kilometer

ROADBOOK Drolshagen-Dumicke, Bilstein, Kirchhundem, Fleckenberg, Schmallenberg, Winterberg, Düdinghausen, Willingen, Bleiwäsche, Assinghausen, Siedlungshausen, Eslohe, Warstein, Bilstein, Neheim, Arnsberg, Rönkhausen, Drolshagen-Dumicke.

CHARAKTERISTIK Das Sauerland liegt östlich des Ruhrgebietes und gehört zum Rheinischen Schiefergebirge. Bekannte Wasserläufe, wie Ruhr, Lenne und Eder haben sich zwischen die bewaldeten, bis zu 850 Meter hohen Bergrücken gedrängt, malerische Kleinstädte mit reichlich Fachwerk verlocken zur Rast. Das Ebbe- und Rothaargebirge, der Homert, das Lennebergland und der Arnsberger Wald sind landschaftlich reizvolle Erholungsgebiete. Das dichte Netz von kurvigen Bergstrecken, waldreichen Passagen und verkehrsarmen Etappen lockt besonders an Wochenenden zahllose Motorradfahrer an. Gestiegene Lärmbelästigungen und hohe Unfallzahlen führen vermehrt zu Polizeipräsenz und Geschwindigkeitskontrollen.

ATTRAKTIONEN Der Aussichtsturm **Hohe Bracht** (51.08353, 8.0434) bei Kirchhundem, der **Rhein-Weser-Turm** (51.071172, 8.197565) bei Oberhundem und der **Astenturm auf dem Kahlen Asten** (51.179590, 8.48928) bei Winterberg bieten neben reizvollen Anfahrten und tollen Fernblicke auch einladende Gaststätten.

UNTERKUNFT Zwischen Biggesee und Listersee versteckt sich in Drolshagen-Dumicke das **Landhotel Haus Dumicketal**. Das Juwel sauerländischer Gastlichkeit ist idealer Ausgangspunkt für Touren. Persönliche Tipps gibt es auch vom Hausherrn Martin Lütticke . **hausdumicketal.de**

gekommen, verschmähen wir die Bundesstraße und geben uns als Sammler kurioser Ortsnamen zu erkennen, als zum aussichtsreichen Weiler Faulebutter aufsteigen.

Land der tausend Berge

Besorgte Gemüter können beruhigt sein, die steile Trasse wird nicht durch verdorbenes Streichfett verunreinigt; im Gegenteil: Der griffige Teer verführt zum lustvollen Zug am Kabel. Auf der gewundenen Abfahrt hinunter nach Finnentrop schieben sich dann die Gipfel des Sauerlandes in unsere Blickfelder und untermauern den Titel als Land der tausend Berge eindrucksvoll.

Doch das Sahnehäubchen unserer Türme-Täler-Talsperren-Tour wartet noch auf uns: Im Landhotel Haus Dumicketal werden die größten und leckersten Windbeutel der Region serviert. ◂

Die größten und leckersten Windbeutel des Sauerlandes: einfach unwiderstehlich.

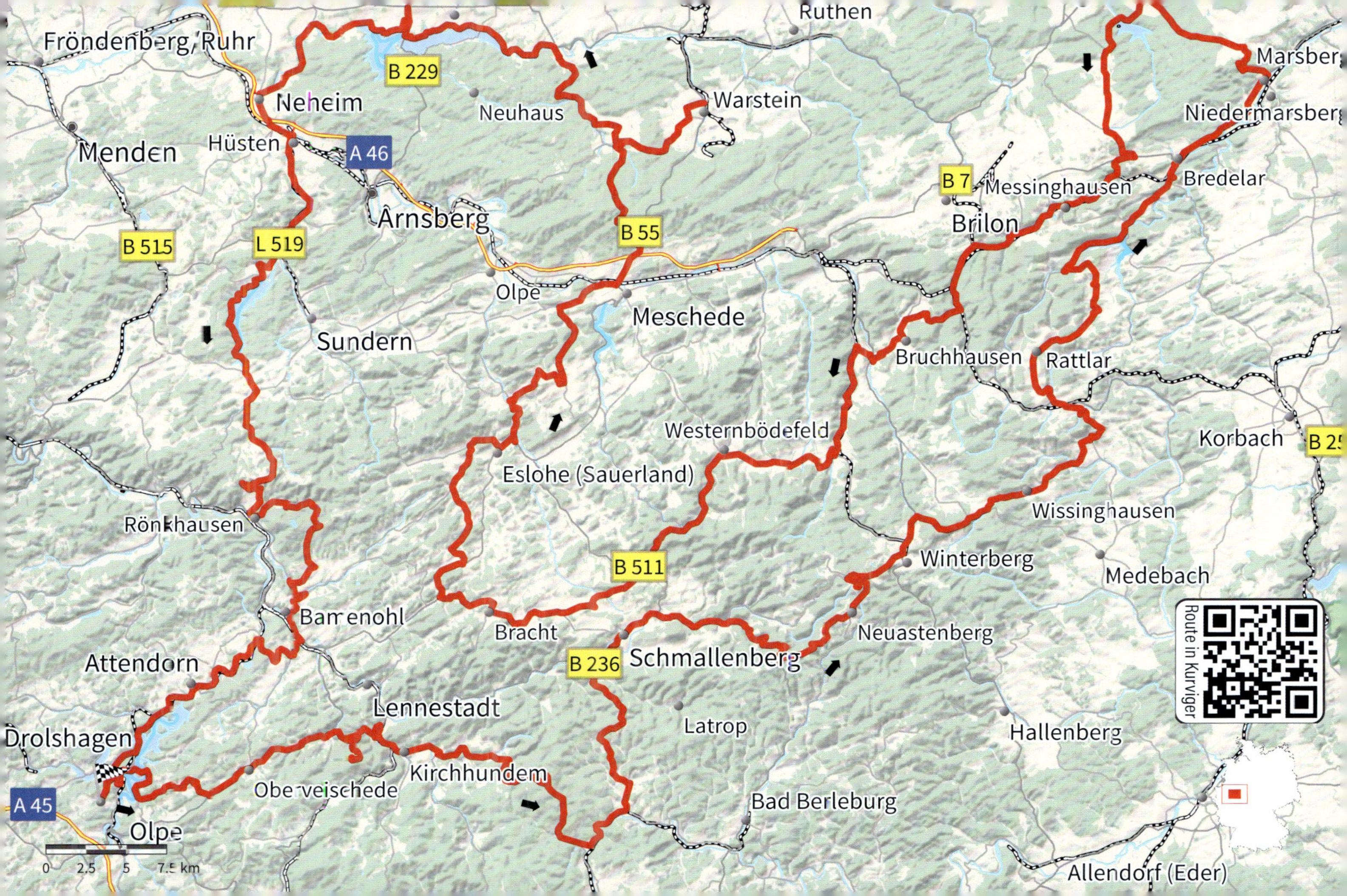

Fröndenberg/Ruhr
Ruthen
Marsberg
Niedermarsberg
Neheim
Neuhaus
Warstein
B 229
Menden
Hüsten
A 46
Arnsberg
B 7
Messinghausen
Bredelar
Brilon
B 515
L 519
B 55
Olpe
Meschede
Sundern
Bruchhausen
Rattlar
Westernbödefeld
Korbach
Eslohe (Sauerland)
Rönkhausen
Wissinghausen
B 511
Winterberg
Medebach
Bamenohl
Bracht
Neuastenberg
Route in Kurviger
Attendorn
B 236
Schmallenberg
Lennestadt
Latrop
Hallenberg
Drolshagen
Kirchhundem
Oberveischede
Bad Berleburg
A 45
Olpe
0
2.5
5
7.5 km
Allendorf (Eder)

Im 4K-Modus

Kirchen, Klöster, Kurven und Kulinarisches – begeisterte Motorradfahrer sind immer an Land und Leuten interessiert. In Ostwestfalen sind sie dafür genau richtig.

Die Wewelsburg gehört aufgrund ihrer dreieckigen Bauweise zu den extravagantesten Festungen in ganz Deutschland.

Mit kalten Motoren schleichen wir aus dem verschlafenen an der nahegelegenen Benediktinerabtei Marienmünster vorbei, die der Region nicht nur ihren Namen schenkte, sondern seit dem 12. Jahrhundert auch kirchlich prägte. Ein buntes Kulturprogramm und zahlreiche Musikdarbietungen verliehen dem ehrwürdigen Anwesen den schönen und treffenden Beinamen „Kloster der Klänge".

Den Gipfel des bekannten Bikertreffs Köterberg lassen wir, obwohl in Kirschkernspuckweite, buchstäblich links liegen, mit der Gewissheit, ihn am Abend aufzusuchen. Nach einigen schönen Schwüngen durch den Corveyer Forst kommen wir in Albaxen an der Tonenburg vorbei, die ebenfalls seit Jahrzehnten fest in Motorradfahrerhand ist. Als es die Raubritter im Mittelalter besonders schlimm trieben, diente die Festung als sicherer Rückzugsort für die kirchlichen Würdenträger und Mönche der in Sichtweite liegenden Benediktinerabtei.

Eine schnurgerade Baumallee führt bis vor die Tore des Klosters Corvey, das 2014 von der UNESCO zum Weltkulturerbe ernannt wurde. Kein Geringerer als Karl der Große soll bei der Gründung seine Finger im Spiel gehabt haben. Kaum hatte der Kaiser

Anfang des 9. Jahrhunderts das heidnische Sachsen erobert, wählte er taktisch klug eine Weserschleife für den geschützten Standort des Klosters aus, um von dort die Christianisierung seines Reiches fortzusetzen.

Bollwerk gegen die Heiden: Karl der Große höchstpersönlich soll den Bauplatz des Klosters Corvey bestimmt haben.

Zeitgleich blühte das angrenzende Höxter auf, weil bedeutende Fern- und Heerstraßen die hiesige Weserfurt nutzten.

Besondere Klänge

Geschichte hin, Geschichte her, uns juckt es in der Gashand. Höxters Fachwerk-Impressionen und ein kurzes Bundesstraßen-Intermezzo liegen hinter unseren Rücklichtern, als wir zur baumlosen Hochebene bei Lütmarsen aufsteigen.

Eine fantastische Motorradstrecke entführt uns in das sanft gewellte Oberwälder Land, wo Geraden Mangelware sind. Wunderbar runde Kurven lassen uns durch Feld und Flur bis nach Ottbergen im Tal der Nethe tanzen, die südlich von Höxter in die Weser mündet. Nach einer Rast machen wir uns auf die Reifen, um über einen weiteren Höhenzug zum nächsten Flüsschen, der Bever, zu cruisen. Wir passieren die B 241 und treiben unsere Maschinen aus dem Tal den steilen Jakobsberg hinauf. Oben in einem wahren Propellerwald angekommen, zerren zickige Böen an unseren Helmen und den Rotoren unzähliger Windkraftanlagen.

Ohne einen kräftigen Luftstrom würde es bei unserem nächsten Halt mucksmäuschenstill sein. In Borgentreichs Orgelmuseum erfahren wir alles über die Königin der Instrumente und besuchen anschließend die größte Barockorgel Westfalens in der Pfarrkirche St. Johannes Baptist. Als wir wenig später unsere Maschinen

Die träge dahin fließende Nethe teilt das Tourengebiet in zwei Hälften und mündet vor Höxter in die Weser.

Im Orgelmuseum von Borgentreich erfährt man, dass es noch etwas anderes als „loud pipes save lives“ gibt.

starten, ertönen aus unseren dicken Endtöpfen auch tolle Klänge. Eine verkehrsarme Chaussee geleitet uns aus der Warburger Börde ins Brakeler Bergland.

Nach einem Abstecher in den Luftkurort Brakel, der auch für sein Wellness-Wässerchen aus dem „Kaiserbrunnen“ bekannt ist, beschleunigen wir in den Hinnenburger Forst. Ganz in der Nähe liegt Gut Albrock, dessen Gastronomie leider geschlossen ist, war es doch jahrelang Ziel zahlreicher Zweiradlenker und kultiger Ort für interessante Benzingespräche.

Sprudelnde Quelle

Über Bad Driburg gelangen wir nach Neuenheerse am Osthang des Eggegebirges, hier sprudelt die Nethequelle, die auch den Graben des Wasserschlosses speist. Rund um das ehrwürdige Gemäuer, das aus einem ehemaligen Damenstift entstanden ist, sind zahlreiche Exponate zu bestaunen, die Lust auf einen Besuch der Ausstellungsräume machen. Doch die überbordende Fülle der auf kleinster Fläche untergebrachten natur- und

Der Motorradtreff Gut Albrock hat nur an Wochenenden geöffnet – dann aber richtig!

völkerkundlichen Museumsstücke erschwert uns den Überblick.

Von Kirchen und Klöstern

Ach ja, ein Dom sollte auf unserer Klostertour natürlich nicht fehlen. Da kommt die auf dicke Hose machende Stiftskirche von Neuenheerse gerade recht: Schon von weitem ist die wuchtige Kirche zu erkennen, was ihr den Spitznamen „Eggedom" einbrachte.

Zur Abwechslung steuern wir wieder einmal eine Festung an. Um die mittelalterliche Höhenburg in Dringenberg rankt sich eine traurige Sage: Der gefangene Ritter Teudebert sollte die Freiheit erlangen, sobald er den Burgbrunnen bis zum Grundwasserspiegel in 40 Metern Tiefe ausgehoben hat. Er buddelte und buddelte, bis er am Tag seiner Entlassung vor Erschöpfung gestorben sein soll. Der wohl erste Fall von Burn-out! >

TOUREN-TIPP

Das **Kloster Dalheim** präsentiert in seinem Museum für Klosterkultur umfangreiche Ausstellungen, die tiefe Einblicke in die Geschichte der Ordenshäuser, sowie das Leben und Wirken von Nonnen und Mönchen, Äbtissinnen und Äbten bieten. Wer nicht an höhere Mächte glaubt, findet sein Heil im angeschlossenen Klosterwirtshaus.

GPS 51.56667, 8.84075

Der gefangene Ritter Teudeberg buddelte im Brunnenschacht der Burg Dringenberg, bis ihn der Schlag traf.

Die am nördlichen Rand des Sauerlandes gelegene Aabachtalsperre versorgt die Region mit Trinkwasser.

Die Straßenkarte mental eingeprägt, schlagen wir dann auf schmalem Teer einen großen Bogen zum Kloster Gehrden. Von den im 12. Jahrhundert errichteten Bauten überdauerte nur die Klosterkirche. In ihrem Schatten wächst die Zwölf-Apostel-Linde, deren Alter auf 400 bis 800 Jahre geschätzt wird, der Stammumfang aber nachweislich zehn Meter beträgt.

Als es Zeit für eine Dosis Koffein wird, kommt das Café Kaffeebohne in Willebadessen gerade recht. Wie in Gehrden entstand auch hier ein Benediktinerinnenkloster, von dem nur das Gotteshaus erhalten blieb. Im begrünten Innenhof gegenüber der Klosterkirche lassen wir es uns bei Kaffee und Kuchen erst mal gut gehen, während die Mopeds in Sichtweite parken.

Kloster mit Brauerei

Wechselnde Straßenzustände und Landschaftsbilder sind unsere ständigen Begleiter bis zur ehemaligen Abtei in Hardehausen. Man schrieb das Jahr 1140, als die Gründung des ersten Zisterzienserklosters in Westfalen erfolgte. Schnell entwickelte es sich zum geistlichen und wirtschaftlichen Zentrum, nicht zuletzt durch das angegliederte Hospital, das jedermann offen stand.

Rotbunte Kühe schauen gelangweilt auf, als wir unsere kurzweilige Fahrt durchs südliche Eggegebirge fortsetzen und wenig später an den hohen Mauern des mittelalterlichen

Frauenklosters Dalheim die Zündschlüssel ziehen.

Die einst von Augustinern ins Leben gerufene Anlage kann auf eine 800-jährige Geschichte zurückblicken. Die sehr gut erhaltenen Gebäude beherbergen nicht nur das Museum für klösterliche Kulturgeschichte, sondern im Gewölbekeller auch eine eigene Brauerei mit zwei gläsernen Kesseln, in denen an besonderen Tagen das Dalheimer Klosterbräu nach überlieferten Rezepturen hergestellt wird. Die Tradition, vollmundige, naturtrübe Biere zu brauen, ist in Klöstern tief verankert, denn während der Fastenzeit galt: Liquida non frangunt ieunum: „Flüssiges bricht das Fasten nicht".

Christliche Kuttenträger

Unser Schräglagenkrimi durch Feld, Wald und Wiese hält die Spannung bis zur Aabachtalsperre südlich von Wünnenberg hinaus aufrecht. Als Sammler kurioser Ortsnamen komme ich nicht umhin, den Weiler Bleiwäsche anzufahren. Von nun an jagt eine Kurve die nächste, gegen den Lauf der Alme erreichen wir das beschauliche Büren. Hier verewigten sich Jesuiten mit der sehenswerten Kirche Maria Immaculata.

Was unterscheidet oder verbindet diese besonderen Kuttenträger? Der heilige Augustinus von Hippo gründete im 4. Jahrhundert den einstigen Bettelorden der Augustiner, dessen Mitglieder oft allein in abgelegenen Gebieten nach wenigen, einfachen Regeln lebten: Nächstenliebe, Demut, Besitzlosigkeit, Enthaltsamkeit und regelmäßiges Beten. Nach rund hundert Jahren wurden die wandernden Mönche mit Entstehen des Benediktinerordens in die Klöster gerufen,

Die vier Museen des Westfalen Culinarium widmen sich neben Brot, Käse und Schinken ganz besonders dem Gerstensaft.

Nur die Kirche St. Vitus blieb Vom ehemaligen Benediktinerinnenkloster Willebadessen erhalten (oben).

wo sie sich nach den Vorstellungen des Benedikt von Nursia freiwillig einer strengen Hierarchie unterwarfen. Von da an galt „ora et labora": arbeiten und beten.

Durch Angebote in Sachen

Bildung, Kunst und Kultur gewann die Glaubensgemeinschaft an Einfluss und Vermögen. Von der Abkehr der Einfachheit entsetzt, schuf im Jahr 1098 Robert von Molesme im Stammkloster Cîteaux den Orden der Zisterzienser, der sich durch

asketische Lebensweise auszeichneten und seinen Schwerpunkt in Ackerbau, Viehzucht und Glaubensverbreitung sahen. Mehr als 400 Jahren vergingen, bis der Spanier Ignatius von Loyola den Jesuitenorden ins Leben rief, der bis heute Missionstätigkeiten in Afrika und Asien im Fokus hat.

Dunkle Vergangenheit

Nach einem Sprint über die herrlich verkehrsarmen Nebenstrecken der Paderborner Hochfläche keimt in uns der Gedanke, dass uns heute außergewöhnliche Bauten magisch anzuziehen scheinen: Aus dem tiefen Almetal schwingen wir bis ans Burgtor der im 17. Jahrhundert auf einem Bergsporn erbauten Wewelsburg, die aufgrund ihrer Dreiecksform sicherlich zu den extravagantesten Festungen Deutschlands zählt.

Allzu gern lassen wir von hier oben unsere Blicke über das idyllische Umland wandern. Leider wird die Idylle

Im Kloster Dalheim sorgte die eigene Brauerei auch in mageren Zeiten für ausgewogene Kost und Kalorien.

Das zum Schloss umgebaute Kloster Gehrden beherbergt heute ein Hotel.

viel zu schnell von der Vergangenheit verdrängt: Ursprünglich im Stil der Weserrenaissance als Nebenresidenz der Paderborner Fürstbischöfe errichtet, wurde die Burg während des Dritten Reiches zu einer ideologischen Versammlungsstätte hoher SS-Offiziere umgestaltet. Ein eigens eingerichtetes Konzentrationslager versorgte den Bau mit Zwangsarbeitern, ein naher Steinbruch mit Material. Zum Ende des Zweiten Weltkrieges hatte ein deutsches Sprengkommando erfolglos versucht, die Hinterlassenschaften zu beseitigen. Einige der im architektonischen Größenwahn geschaffenen Räume blieben bis heute erhalten.

Vielfältige Genüsse

Doch schon bald rückt der Fahrspaß wieder in den Vordergrund. Damit die Freude lange währt, umrunden wir Paderborn in einem großen Bogen und düsen abseits der Bundesstraßen durch die mit allerlei Kurven gespickten südlichen Ausläufer von Eggegebirge und Teutoburger Wald.

Im Tal der Beke angekommen, folgen wir dem Schienenstrang und tauchen unter den eleganten Kalksteinbögen des mächtigen Eisenbahnviadukts in Altenbeken hindurch, um die mit Biegungen jeglicher Couleur aufwartende Etappe von Langeland zur B 52 in Angriff zu nehmen.

Kaum in Nieheim angekommen, beginnen unsere Mägen gemeinsam und in tiefsten Tönen zu knurren, denn im Westfalen Culinarium stoßen wir auf vier Museen, die das große Thema genussvolle Nahrungsaufnahme äußerst appetitanregend vermitteln: Käse, Brot, Schinken, Bier und Schnaps. Gut gestärkt, Bier und Schnaps müssen allerdings

TOUREN-STECKBRIEF

STRECKENLÄNGE 360 Kilometer

ROADBOOK Vörden, Albaxen, Höxter, Lütmarsen, Ottbergen, Borgentreich, Brakel, Bad Driburg, Neuenheerse, Neuenheerse, Dringenberg, Willebadessen, Hardehausen, Dalheim, Büren, Wewelsburg, Altenbeken, Langeland, Nieheim, Vinsebeck, Steinheim, Vörden.

CHARAKTERISTIK Ein dichtes Geflecht verkehrsarmer Landstraßen verbirgt sich in der äußersten Ecke Nordrhein-Westfalens westlich der Weser zwischen Bad Pyrmont und Warburg. Die mit unerwarteten Höhenunterschieden und tausenden von Kurven gespickte Region bietet Fahrspaß, Sehenswürdigkeiten, Motorradtreffs und zahllose Lokalitäten von rustikal bis edel. Die Fahrt hinauf zum Gipfel des Monte Bello, wie der Köterberg liebevoll genannt wird, ist ein absolutes Muss.

ATTRAKTIONEN Am **Kloster Corvey** (51.778430, 9.406960) führt kein Weg vorbei, ein Stopp an der dreieckigen **Wewelsburg** (51.606790, 8.652080) ist Plicht, der Besuch der **Wasserburg Vinsebeck** (51.849210, 9.030600) obligatorisch und das **Westfalen Culinarium** (51.804800, 9.10872) darf auch nicht fehlen.

UNTERKUNFT Mit einer typischen Weserbergland-Fassade versehen, liegt das **Hotel Höxter Am Jakobsweg** zwischen dem Kloster Corvey und dem Kloster auf der Brede. Die Zimmer sind gemütlich eingerichtet. Es gibt ein Restaurant mit Kamin und Whisky-Lounge. Motorradenthusiasten sind ausdrücklich willkommen, Parkplätze auf dem hoteleigenen Grundstück vorhanden.

hotelamjakobsweg.de

bis zum Abend warten, drücken wir den Anlasserknopf und flitzen ein kurzes Stück Bundesstraße entlang, um dann nach Vinsebeck abzubiegen. Dort bewundern wir das schneeweiße Wasserschloss, das 1720 als Sommerresidenz der Paderborner Domherren erbaut wurde und als Juwel des Spätbarocks gilt.

Die nun folgenden Landstraßenkilometer von Steinheim an den Schiedersee verbreiten gute Laune und sind stressfrei zu genießen. Das langgestreckte Gewässer, eigentlich ein Staubecken, ist bei Seglern, Surfern und Badenixen äußerst beliebt, seine nördliche Spitze bildet den imaginären Wendepunkt unserer Tour. Gut einsehbare Kurven lassen uns in flottem Tempo am Großen Pulskopf vorbei zum Köterberg eilen.

Der fast 500 Meter hohe Gipfel mit seinem riesigen Parkplatz ist täglich Treffpunkt zahlreicher Biker, die den wohl schönsten Rundblick Mitteldeutschlands auf 62 Ortschaften genießen wollen. Weniger dem Fahrspaß, mehr dem Gaumenschmaus hat sich der 1990 gegründete Verein „Westfälisch Genießen" verschrieben. Traditionelle Rezepte und heimische Produkte sollen die über 2 000-jährige Ess- und Trinkkultur in den zahlreichen Restaurants zwischen Teutoburger Wald und Siegerland wach halten. So lassen wir uns Westfalen schmecken. ◂

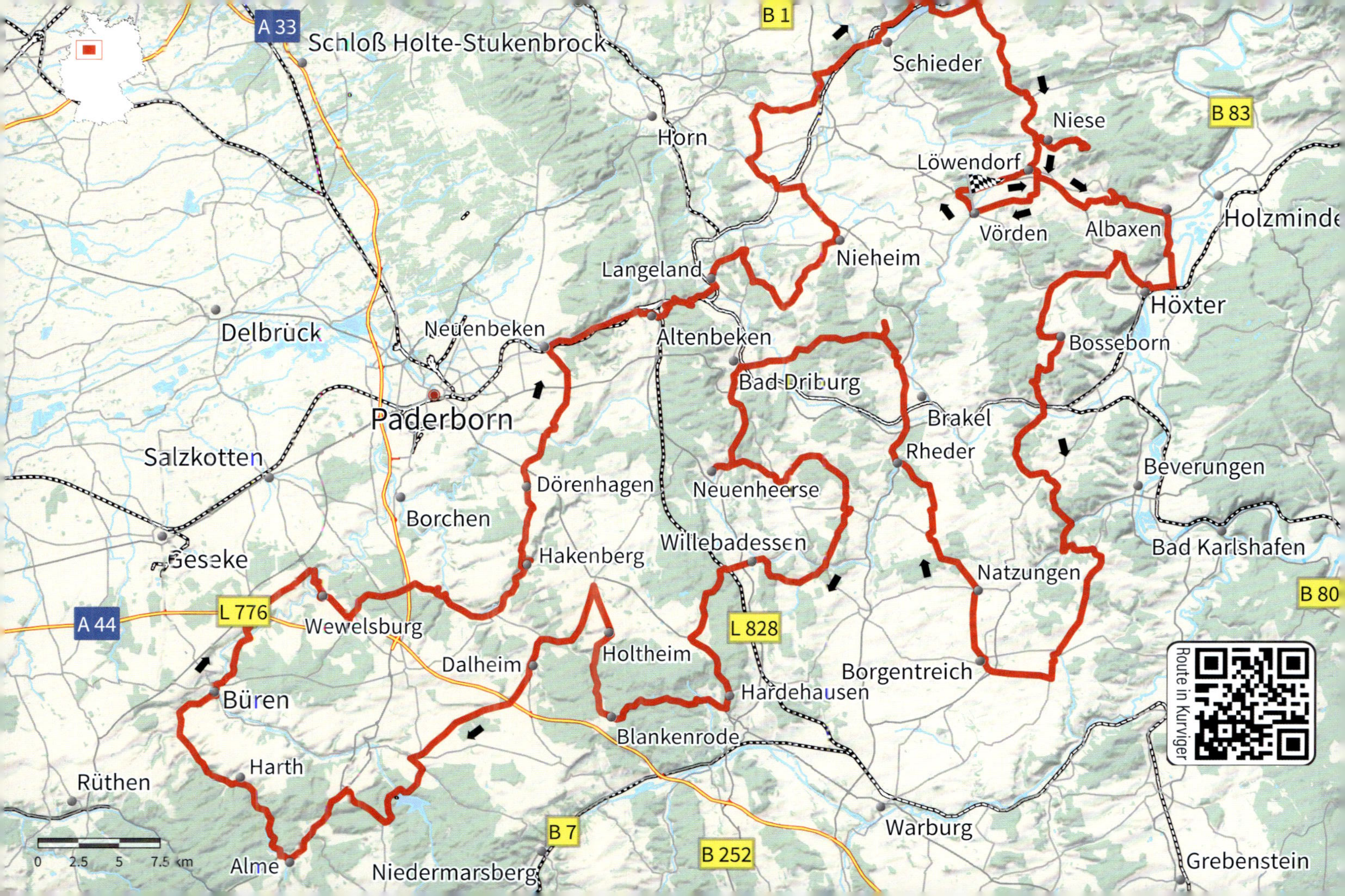

A 33
Schloß Holte-Stukenbrock
B 1
Schieder
Niese
B 83
Löwendorf
Horn
Vörden
Albaxen
Holzminden
Nieheim
Langeland
Höxter
Delbrück
Neuenbeken
Altenbeken
Bosseborn
Bad Driburg
Paderborn
Brakel
Salzkotten
Rheder
Beverungen
Dörenhagen
Neuenheerse
Borchen
Willebadessen
Bad Karlshafen
Geseke
Hakenberg
Natzungen
B 80
L 776
A 44
Wewelsburg
L 828
Dalheim
Holtheim
Borgentreich
Büren
Hardehausen
Route in Kurviger
Blankenrode
Harth
Rüthen
Warburg
B 7
B 252
0 2.5 5 7.5 km
Alme
Niedermarsberg
Grebenstein

HÖXTER-ABTEI CORVEY
WESER
ANNO 2011

Für Zeitreisende

Links und rechts der Weser offenbart der Motorradtrip in die Vergangenheit Menschen mit Benzin im Blut allerlei Wissenswertes, Skurriles und auch Mystisches. Hier gibt es für jeden etwas!

Ein Besuch des aussichtsreichen Köterbergs gehört zum Pflichtprogramm.

Zahlreiche Baustile längst vergangener Epochen prägen das Bild der Abtei Marienmünster.

Das erste Auto: der von Carl Benz entwickelte Benz-Patent-Motorwagen. Das erste Motorrad: der von Daimler und Maybach gefertigte Reitwagen. Seit 1885 treibt Benzin weltweit Zweiräder und Kraftwagen an, mal sehen, wo die Reise der Motoren hingeht. Werden fossile Brennstoffe schon bald durch Akkus oder Brennstoffzellen ersetzt?

Unsere Tour soll zum PS-Speicher in Einbeck führen. Zündung an, die Benzinpumpe summt, ein Druck auf den Anlasserknopf und schon tobt das flammende Inferno auch in den Zylindern unserer Maschinen. Aus dem beschaulichen Marienmünster-Vörden am östlichen Rand des Naturparks Teutoburger Wald – Eggegebirge beschleunigen wir westwärts nach Nieheim, wo die vier Museen des Westfalen Culinariums Wissenswertes zu Käse, Brot, Schinken und Bier vermitteln.

Nebenstreckenschnüffler

Mit schmackhaftem Reiseproviant versorgt, das Bier muss bis zum Abend warten, biegen wir auf die B 252 nach Rheder ein. Das dortige Schloss mit seiner sonnengelben Fassade ist nicht zu übersehen, gleich dahinter entdecken wir die Einfahrt zum Weidenpalais. 2012 hat ein Schweizer Künst-

Sonnengelb erstrahlt die Fassade von Schloss Rheder.

ler Freiwillige für sein Projekt begeistern können und mit ihnen unzählige Weidenruten gepflanzt. Mittlerweile haben die Gewächse eine stattliche Ausdehnung erreicht und bilden eine begehbare grüne Halle. Wieder im Sattel heißt es für uns: Von nun an nur noch Nebenstrecke!

Äußerst kurzweilig präsentiert sich die folgende Etappe von Hampenhausen über Niesen nach Willebadessen: Ein mit neckischen Kurven gespicktes Teerband überzieht anfangs eine landwirtschaftlich genutzte Hoch-

der schon von Weitem sichtbare Desenberg, auf dessen über 300 Meter hohen Gipfel eine Burgruine nach den Wolken greift. Das nächste recht betagte Gemäuer lässt nicht lange auf sich warten.

Deutsche Märchenstraße

Unmerklich passieren wir die Landesgrenze zu Hessen, als sich plötzlich vor uns das Diemeltal auftut, mittendrin die perfekt erhaltene Trendelburg. Nicht umsonst führt die Deutsche Märchenstraße hier vorbei.

Wer die im Turm der Trendelburg eingesperrte Rapunzel besuchen will, muss am Haarschopf hinauf klettern.

fläche, durchdringt kleine Wälder, um sich später an den Lauf der Nethe zu schmiegen.

Von Borlinghausen aus schlagen wir einen fast perfekten Bogen durch die baumlose Warburger Börde, die als ziemlich flach gilt. Wäre da nicht

Haben doch die Gebrüder Grimm den 40 Meter und 120 Stufen zählenden Turm als Schauplatz für die romantische Rapunzel-Erzählung mit Happy End gewählt. Der überlange Haarstrang der von einer bösen Hexe eingesperrten jungen Dame

Nur die Kirche St. Georg und Maria blieb vom Kloster Lippoldsberg erhalten.

hängt noch heute aus dem obersten Fenster. Diesen alten Zopf wird niemand abschneiden. Von der ehemaligen Grenzfeste aus tauchen wir in die nördlichen Ausläufer des ebenfalls sagenhaften Reinhardswaldes ein. Was an Blicken fehlt, machen die vielen Windungen der gut ausgebauten Bergstrecke wett.

Unsichtbare Grenze

Der Ausschilderung Oberweser folgend, setzt sich unser Schräglagenwalzer bis zur Weserbrücke fort. Am gegenüberliegenden Ufer angekommen, steuern wir das im 11. Jahrhundert oberhalb einer Flussschleife gegründete Benediktinerinnenkloster Lippoldsberg an, bevor wir entlang der unsichtbaren Grenze zu Niedersachsen ins fast ebenso alte Uslar gelangen.

Gern lassen wir uns dort von über tausend Jahren verbriefter Geschichte in den Bann ziehen. Von Kriegen weitgehend verschont, blieb das Stadtbild mit seinen prächtigen und wertvollen Fachwerkfassaden bis heute erhalten. Nach einem kurzen Rundgang und einem klitzekleinen Stückchen B 241 in Richtung Northeim setzen wir in Volpriehausen die Blinker und biegen ins südliche Leinebergland ab, das zwischen dem Weserbergland im Westen und dem Harz im Osten verläuft.

Das Zentrum des bis zu 500 Meter aufragenden Höhenzuges bildet Einbeck, seit dem Mittelalter bei Gerstensaftgenießern für seinen dunklen und starken Urbock bekannt.

Mit Eröffnung des PS-Speichers im Jahre 2014 wurden auch jene Menschen, die Benzin im Blut haben, auf die Bierstadt aufmerksam. Das restaurierte, ehemalige Kornlager beherbergt auf sechs Stockwerken umfangreiche Sammlungen motorisierter, auf Rädern rollender Vehikel vom Anfang bis in die Neuzeit. Umgeben von allerlei modernen Hilfsmitteln wie Handy, Navi und ABS setzen wir die Tour fort.

Vor unseren Pneus breiten sich nicht nur Biegungen sämtlicher Güteklassen aus, sondern auch ein spannendes Auf und Ab durch Feld und Flur bis in den Naturpark Solling-Vogler, der durch seine ausgedehnten Mischwälder aus Eichen, Buchen und Fichten beeindruckt. Ausnahmsweise ist auch mal wieder ein Stückchen Bundesstraße dabei.

Die verschlungene und äußerst anspruchsvolle Trasse von Neuhaus durch den Staatsforst hinunter nach

Der PS-Speicher zieht Menschen mit Benzin im Blut an (oben). Uslars Fachwerkfassaden blieben von Kriegen verschont (unten).

Das Café im Kuhstall verwöhnt mit leckerem Kuchen.

Boffzen verlangt nach einer Pause. Da kommt das Café im Kuhstall in Meinbrexen mit seinen XXL-Kuchen gerade recht.

In Lauenförde gelangen wir wenig später aufs linke Weserufer und damit zurück nach Ostwestfalen, wo uns eine fantastische Motorradstrecke in das sanft gewellte Oberwälder Land entführt. Nach herrlich runden Kurven ziehen wir vor dem Wirtshaus am Brunnen den Zündschlüssel: Auch wenn wir Benzin im Blut haben, freuen wir uns jetzt auf ein kühles, frisch gezapftes Bier. Prost!

Volldampf voraus!

Auch der zweite Fahrtag beginnt vielversprechend: durch die Morgensonne geweckt, prima gefrühstückt – und im Tankrucksack wieder eine perfekt ausgearbeitete Route vom Kulturland Kreis Höxter. Auf unserem Weg in den Naturpark Teutoburger Wald – Eggegebirge von angenehmen Temperaturen begleitet, treiben wir unsere Motorräder im hohen Gang auf einer anspruchslosen, aber keineswegs langweiligen Landstraße erneut in Richtung Nieheim.

Mit Erreichen des Eggegebirges fordern wir Hände, Füße und Reifenflanken zur ambitionierten Mitar-

Der Bau des imposanten Eisenbahnviaduktes in Altenbeken kostete König Friedrich IV. ein Vermögen.

beit auf. Bis zu 400 Meter ragt der aus Sandstein bestehende Höhenzug auf, der hier die Wasserscheide zwischen Rhein und Weser markiert.

Für die Errichtung eines wichtigen Schienenstranges mussten die hiesigen Niveauunterschiede überwunden werden. Der markante Eisenbahnviadukt in Altenbeken wird von zwei Dutzend bis zu 35 Meter hohen Steinbögen getragen und überspannt damit das Beketal. Als König Friedrich Wilhelm IV 1853 zur Einweihung anreiste, gab er kund: „Ich habe geglaubt, eine goldene Brücke vorzufinden, weil so schrecklich viele Thaler verbraucht worden sind." Sein Geld war gut angelegt, denn die kühn geschwungene Überführung wird noch immer von der Bahn befahren.

Das wollten alliierte Kampfflieger im Zweiten Weltkrieg unterbinden, aus dieser Zeit stammt auch die am Straßenrand ausgestellte – selbstverständlich entschärfte – Bombe. Ein richtiger Kracher ist die ganz in der Nähe ausgestellte Dampflok 044 389, die seit Mitte der 1940er Jahre treu ihren Dienst geleistet hat. Das schwarze Monstrum verfügte über ausreichend Kraft, die anspruchsvollen Steigungen mühelos zu meistern.

Uralte Steine und Straßen

Uns stören die Höhenunterschiede nicht, ganz im Gegenteil: Über ein landschaftlich attraktives Asphaltband erreichen wir den nicht weit entfernten preußischen Velmerstot. Der 468 Meter hohe Gipfel gilt als höchste Erhebung und nördlicher Rand des Eggegebirges.

Unser nächstes Ziel, die vielbesuchte Felsformation Externsteine, liegt schon im angrenzenden Mittelgebirgszug Teutoburger Wald. Vom großzügigen Parkplatz schlendern wir in ein paar Gehminuten zu den steil

Durch Erosion entstanden diese Externsteine. Sie dienten den Germanen einst als Kultplatz und Heiligtum.

aufragenden Sandsteinen, die den alten Germanen wohl als Kultplatz oder Heiligtum dienten. Die Römer und ihr Hang zum Wegebau brachten die Via Regia hervor, aus der viel später die Reichsstraße 1, die heutige Bundesstraße 1 wurde.

Wir nehmen nur ein klitzekleines Stück der von der niederländischen bis an die polnische Grenze reichenden Chaussee unter die Räder und biegen in Kohlstädt zur Passhöhe Gauseköte ab. Mit ihren mageren 350 Meter über Normal Null lehrt sie selbst Bergungewohnten nicht das Fürchten. Von dünner Höhenluft verschont, räubern wir durch den Wald.

TOUREN-TIPP

Bis vor wenigen Jahren war Einbeck „nur“ als Bierstadt bekannt. Im Mittelalter gab es im historischen Stadtkern 723 brauberechtigte Häuser, die noch heute auf einem Stadtbummel an ihrer typischen Bauweise und den reich verzierten Fassaden zu erkennen sind.
Um Räder, die uns bewegen, geht es seit 2014 im **PS.SPEICHER** (51.819437, 9.860246) Auf sechs Etagen vermitteln mehr als 350 Exponate interaktiv Einblicke in die Geschichte, Gegenwart und Zukunft der individuellen Fortbewegung.

ps-speicher.de

Was darüber kreist, erleben wir anschließend in der Adlerwarte Berlebeck, der größten und ältesten in ganz Europa. Mehrmals täglich zeigen Adler, Geier, Bussard und Milan ihre beeindruckenden Flugvorführungen über den Köpfen der Zuschauer.

Einigkeit macht stark

Quo vadis – wohin gehen wir? Das müssen sich jene römischen Soldaten gefragt haben, die um Christi Geburt durch die finsteren, furchteinflößenden Forste des Teutoburger Waldes gen Norden vorstießen.

Für den Kampf auf offenem Feld gerüstet und taktisch hervorragend geschult, kamen die siegesgewohnten Legionen Roms in dem unwegsamen Gelände nur sehr langsam voran. Die vielen, untereinander zerstrittenen Germanenstämme konnten die römischen Invasoren nicht aufhalten, bis der Cheruskerfürst Arminius es schaffte, alle Häuptlinge für sich zu gewinnen. Nach dem Motto „Einigkeit macht stark" wurde der Feldherr Varus mit seinen Legionen in einen Hinterhalt gelockt und vernichtend geschlagen.

Wo genau, konnte man bis vor kurzem nicht mit Sicherheit feststellen, auf keinen Fall am 53 Meter hohen Hermannsdenkmal südwestlich von Detmold. Neueste Ausgrabungen mit zahlreichen Waffenfunden lassen das Kampfgeschehen eher am Kalkrieser

Berg bei Bramsche vermuten. Das sehenswerte Ehrenmal wurde Mitte des 19. Jahrhunderts von Ernst von Bandel errichtet, in einer Zeit, in der die vielen deutschen Kleinstaaten dringend einer neuen Führung bedurften. Und aus Arminius wurde urdeutsch Hermann, der bis heute sein riesiges Schwert weit sichtbar über den Teutoburger Wald erhebt.

Echte Höhepunkte

Der sich in nordwestliche Richtung ausdehnende Höhenzug bildet die Wasserscheide zwischen Ems und Weser, letzterer möchten wir heute noch einen Besuch abstatten. Schnell finden wir uns auf der geschichtsträchtigen, aber anfangs wenig reizvollen B 1 wieder, was sich mit Erreichen des sanft gewellten Lipper Berglandes ändert. Kurz vor der niedersächsischen Rattenfängerstadt Hameln biegen wir ins Emmerthal ab, werfen einen Blick auf die am Straßenrand aufragende Hämelschenburg, einem prächtigen Wasser-

Ernst von Bandel errichtete das Hermannsdenkmal (oben). Das Kloster Corvey gehört heute zum Weltkulturerbe (unten).

TOUREN-STECKBRIEF

STRECKENLÄNGE 500 Kilometer

ROADBOOK Vörden, Nieheim, Rheder, Hampenhausen, Niesen, Willebadessen, Borlinghausen, Desenberg, Trendelburg, Wesertal, Uslar, Volpriehausen, Einbeck, Neuhaus, Boffzen, Meinbrexen, Lauenförde, Altenbeken, Velmerstot, Kohlstädt, Berlebeck, Detmold, Hameln, Schwalenberg, Polle, Vörden.

CHARAKTERISTIK Die Tour führt fast ausschließlich über verkehrsarme Nebenstrecken links und rechts der Weser. Das mit unerwarteten Höhenunterschieden und tausenden von Kurven gespickte Dreiländereck von Nordrhein-Westfalen, Hessen und Niedersachsen bietet unkomplizierten Fahrspaß, mehr oder weniger bekannte historische Hotspots, Einkehrmöglichkeiten von rustikal bis edel und gut besuchte Motorradtreffs wie zum Beispiel den Gipfel des Monte Bello, wie der Köterberg liebevoll genannt wird.

ATTRAKTIONEN Bei Detmold die **Externsteine** (51.870380, 8.92599) beklettern, das **Hermannsdenkmal** (51.909850, 8.84028) besteigen und in der **Adlerwarte Berlebeck** (51.891140, 8.87254) faszinierende Greifvögel im Freiflug bestaunen. Die Aussicht von der **Trendelburg** (51.57372, 9.42279) ist auch nicht zu verachten.

UNTERKUNFT Aufgrund seiner Lage bietet der **Nieheim Berghof** einen schönen Fernblick über den heilklimatischen Kurort Nieheim hinweg bis zum Hermannsdenkmal. Neben einem eigenen Restaurant bietet das Haus auch eine Bar sowie kostenlose Parkplätze für die Motorräder. Sowohl hübsch eingerichtete Einzel- als auch Doppelzimmer stehen zur Verfügung.

hotel-berghof.de

schloss der Weserrenaissance und erreichen schon bald den langgezogenen Schiedersee, ein beliebtes Bade- und Segelparadies.

Angst und Schrecken verbreiteten die Schwalenberger Grafen, die im Mittelalter zu den gefürchtetsten Raubrittern der Region zählten, ihre Burg ruht im nahen Fachwerkstädtchen Schwalenberg auf einem uneinnehmbaren Felsvorsprung und bietet mit dem sogenannten „Grafenblick“ ein unvergleichliches Panorama vom Teutoburger Wald bis zum Eggegebirge.

Weil wir doch an die Weser wollten, nehmen wir Kurs auf Polle, wo unterhalb der Burg die Weserfähre ihren Dienst versieht. Stromaufwärts folgen wir dem mäandernden Wasserlauf auf der B 83 zum Kloster Corvey, das im 9. Jahrhundert als Benediktinerabtei gegründet und mittlerweile zum UNESCO-Weltkulturerbe ernannt wurde.

Das Sahnehäubchen des Tages haben wir uns für den Tourabschluss aufgehoben: In sportlicher Schräglage wedeln wir zum Gipfel des Köterberges hinauf, mit 496 Meter die höchste Erhebung Ostwestfalens. Nach Kaffee und Benzingesprächen unter Gleichgesinnten lassen wir unsere Blicke über die umliegenden Mittelgebirgszüge wandern und stellen uns die Frage: Quo vadis, wohin geht es morgen? ◂

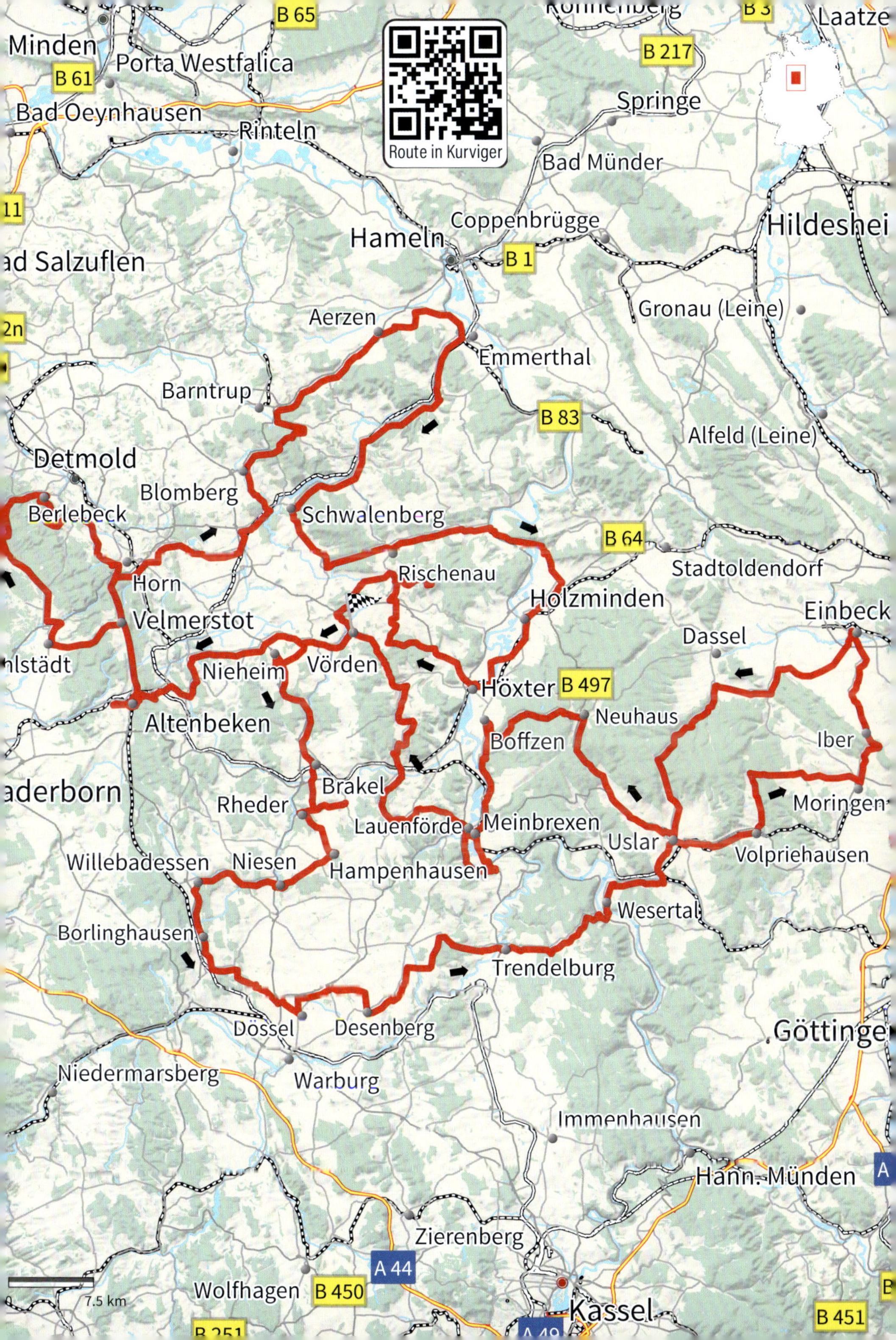

Route in Kurviger
Minden
Porta Westfalica
B 65
B 61
Bad Oeynhausen
Rinteln
B 217
Laatze
Springe
Bad Münder
Hameln
Coppenbrügge
B 1
Hildeshei
ad Salzuflen
Gronau (Leine)
Aerzen
Emmerthal
Barntrup
B 83
Alfeld (Leine)
Detmold
Blomberg
Berlebeck
Schwalenberg
B 64
Stadtoldendorf
Rischenau
Horn
Holzminden
Velmerstot
Einbeck
Dassel
nlstädt
Nieheim
Vörden
Höxter
B 497
Altenbeken
Neuhaus
Boffzen
Iber
aderborn
Brakel
Rheder
Moringen
Lauenförde
Meinbrexen
Uslar
Willebadessen
Niesen
Hampenhausen
Volpriehausen
Wesertal
Borlinghausen
Trendelburg
Dössel
Desenberg
Göttinge
Niedermarsberg
Warburg
Immenhausen
Hann. Münden
Zierenberg
A 44
Wolfhagen
B 450
Kassel
B 451
7.5 km

Sommersonnenwende

Die Flüsse Werra und Fulda bilden zusammen mit den Mittelgebirgsregionen zwischen Kaufunger Wald und Kuppenrhön ein märchenhaftes Tourendreieck entlang der ehemaligen innerdeutschen Grenze.

Schloss Berlepsch liegt in der nordöstlichsten Ecke Hessens und beherbergt ein edles Hotel.

Schon frühmorgens treibe ich meine GS aus dem kleinen Seitental des sanft gewellten Knüllwaldes zum hoch aufragenden Schloss Spangenberg, das eine wechselvolle Geschichte erfuhr. Im 13. Jahrhundert auf einem Bergkegel zur Sicherung bedeutender Transportwege erbaut, wurde die Burg später zum Schloss umgestaltet und diente zeitweise sogar als Gefängnis.

Hier lasse ich mich allzu gern auf die verschlungene Straßenführung ein, mit sauberem Strich ziehe ich durch Täler und über Kuppen bis Waldkappel am südlichen Rand des Naturparks mit dem sperrigen Namen Meißner-Kaufunger Wald..

Zusammen mit der Wehre und der A 44 erreiche ich Reichensachsen und steige zum Mohndorf Germerode auf. Seit gut zehn Jahren öffnen sich dort um die Zeit der Sommersonnenwende, also um den längsten Tag des Jahres herum, die ersten pinkfarbenen Blüten. Die hier angebauten Sorten gelten als morphinarm und unterliegen damit nicht dem Betäubungsmittelgesetz. Eigens angelegte Wanderwege führen durch die ausgedehnten Felder, es herrschen reges Treiben und perfekte Vermarktung.

Nichts bremst meinen Vorwärtsdrang durch die angrenzende Waldetappe vorbei am Hohen Meißner. Genussvoll lege ich die Maschine von einer Schräglage in die nächste, bis sich die Straße in weiten Schwüngen deutlich nach Kammerbach hinab senkt. An zusätzlichen Radien herrscht auch bis Wendershausen kein Mangel. Der Ort gehört eben-

Schloss Spangenberg wandelte sich im Laufe der Jahrhunderte von einer Haftanstalt zum noblen Hotel.

falls zu den Mohndörfern der Region, ist aber, Gott sei Dank, nicht ganz so überlaufen.

An der nahen Werra buhlen gleich zwei Burgen um meine Gunst: Im Jahre 1415 wurde bei Werleshausen Burg Ludwigstein erbaut, um sich gegen die aufdringlichen Nachbarn aus dem Eichsfeld zu wehren. Fünfhundert Jahre später dem allmählichen Verfall preisgegeben, sorgten erste Jugendgruppen für den Wiederaufbau und die friedliche Nutzung. Heute stehen die Tore der sogenannten Jugendburg allen Pfadfindern und Wandervögeln offen.

In Sachen Weltoffenheit hatte die auf dem thüringischen Ufer und damit an der innerdeutschen Grenze stehende Burgruine Hanstein jahrzehntelang Defizite. Im Dreißigjährigen Krieg weitgehend zerstört, schien sie niemandes Interesse zu finden, bis sich 1955 DDR-Grenzer auf dem aussichtsreichen Nordturm einnisteten, um den bösen Klassenfeind zu beobachten.

Suche nach dem Weserstein

Eine Melange unterschiedlichster Fahrbahnen und Biegungen transportiert mich an der A7 entlang ins niedersächsische Hedemünden an der Werra, die sich in weiten Kringeln der Drei-Flüsse-Stadt Hannoversch Münden nähert. Trotz Navi-Unterstützung muss ich bei der Suche nach dem Weserstein die Augen aufhalten, denn der bekannte Felsbrocken verbirgt sich unter dem dichten Blätterdach einer mächtigen Kastanie am Rande eines Großparkplatzes.

Der etwa 70 Zentner schwere Felsbrocken wurde 1899 gesetzt und trägt die Inschrift: „Wo Werra sich und Fulda küssen, Sie ihre Namen büßen müssen, Und hier entsteht durch diesen Kuss, Deutsch bis zum Meer

Alljährlich leuchten Ende Juni im kleinen Mohndorf Grandenborn weite Felder in grellem Pink auf.

Der etwa 70 Zentner schwere Weserstein markiert seit 1899 den Beginn der Weser.

der Weser Fluss." Für diejenigen, die statt wohlklingender Poesie mehr auf nackte Zahlen stehen: Während die Fulda von ihrer Quelle in der Rhön 220 Kilometer hinter sich hat, legt die im Thüringer Wald entspringende Werra knapp 300 Kilometer bis hier zurück.

Adieu Fulda

Ich lasse den von Fachwerk und Wasser geprägten historischen Warenumschlagplatz hinter mir, sage der Fulda Adieu und folge der Ausschilderung zur B 496, die mich mittels mehrerer Serpentinen schwungvoll hinauf zur aussichtsreichen Lutterberger Höhe katapultiert. Damit bin ich nicht nur im Kaufunger Wald angekommen, sondern auch im tiefsten Süden des 1959 ins Leben gerufenen Naturparks Münden.

Um ins Tal der Nieste zu gelangen, tausche ich die breite Bundesstraße gegen immer schmalere Wege, die mich letztendlich im Weiler Uschlag auf den Wasserlauf treffen lassen. Der Fahrfreudepegel schnellt mit dem Streckenverlauf weiter nach oben, als ich zwischen dem 580 Meter hohen Haferberg und dem Mühlenstein, der nochmals 20 Meter drauflegt, nach Witzenhausen an der Werra beschleunige.

Dann schlage ich meinen Weg nach Hessisch Lichtenau ein und bin dabei auf Teilen der Deutschen Märchenstraße und der Deutschen Fachwerkstraße unterwegs. Der heutige Verkehrsknotenpunkt verdankt seinen Ursprung mittelalterlichen Handelswegen und sieht sich als Tor zum Naturpark.

Für mich ist es der Ausgang, denn von nun an mache ich Meilen durch die facettenreichen Mittelgebirgslandschaften zwischen Meißner und Knüllwald. Nach gut 40 Kilometern stoppe ich meinen Boxer in Wallenstein am Ende der Burgstraße.

Als bekennender Frühaufsteher zeitig schon wieder auf der Maschine, summe ich seit einigen Kilometern eine Melodie in den Helm, die sich als hartnäckiger Ohrwurm in meinen Gehörgängen festgesetzt hat. Obwohl nicht ganz textsicher, beschreibt das altbekannte Lied „Im Frühtau zu Berge" meinen zeitigen Aufbruch sehr treffend.

Reichlich Fachwerk

Nichts stellt sich mir in den Weg, als ich auf kurvenreicher Bergstrecke aus dem Knüllwald nach Rotenburg an der Fulda presche, das mit reichlich Fachwerk und einem Renaissance-Schloss glänzt. Die beiden Altstadtteile werden durch die Alte Fuldabrücke, die nur Fußgängern zur Verfügung steht, verbunden. Am nördlichen Brückenende ist die Bronzeskulptur „Die zwei Knaben" zu finden: vom Bolzplatz zurückkehrende, verschwitzte, aber zufriedene Halbwüchsige, die nur noch ein belebendes Bad in der Fulda nehmen wollen.

Vom benachbarten Lispenhausen nehme ich Kurs auf Schloss Rittershain und werde gleich doppelt enttäuscht. Das betagte Gemäuer schützt sich mit Verbotsschildern vor meinem Besuch, und mannshohes Gestrüpp entlang der als landschaftlich reizvoll gepriesenen Nebenstrecke zwingt zum Blindflug. Es kann nur besser werden, denke ich mir und treibe meine GS rechts der B 27 gegen den Lauf der Hasel zur Tannenburg bei Nentershausen.

Die strategisch bedeutsame Lage an wichtigen Handelsstraßen und die Sicherung der Grenze zwischen Franken und Sachsen gab im 14. Jahrhundert den Ausschlag für den Festungsbau. Der nächste Halt hat nichts mit Militär zu tun, sondern mit jeder Menge Flower Power. Alljährlich Ende Juni lässt das günstige Klima auch auf dem Hochplateau Ringgau ausgedehnte pinkfarbene Mohnfelder aufleuchten. Das beschauliche Grandenborn ist das dritte Mohndorf der Region.

Stockfinster wird es anschließend auf meiner kleinen Runde durch den dunkelgrünen und äußerst kurvigen Schlierbachswald, aus dem die 515 Meter hohe Rabenkuppe aufragt. Geschmeidig fahrbare Schleifen geleiten mich am Gestüt Altefeld vorbei,

Der Nordturm der Burgruine Hanstein wurde durch die Lage an der innerdeutschen Grenze als Beobachtungsposten von DDR-Grenzern genutzt.

wo schon Kaiser Barbarossas Pferde geweidet haben sollen. Der Ringgau senkt sich sanft nach Herleshausen ins Werratal hinab.

Traurige Bekanntheit erlangte der Ort zu Zeiten zweier deutscher Staaten, als hier der einzige Grenzübergang zwischen Hessen und Thüringen bestand. Im benachbarten Wommen treffe ich auf die mäandernde Werra. Anfangs folge ich ihr auf dem westlichen, später auf dem östlichen Ufer stromaufwärts ins „Land der weißen Berge". Intensiver Kalibergbau sorgt in Heringen für eine bis zu 500 Meter hohe Salzhalde, die im Volksmund auch schon mal als „Kalimandscharo" bezeichnet wird.

Ursprünglich einer von vier US-Beobachtungsstützpunkten ist Point Alpha nun eine Gedenkstätte zwischen Geisa und Rasdorf.

TOUREN-TIPP

In **Germerode** wuchsen 2010 zum ersten Mal die rosa Blütenfelder des Klatschmohns. Angefangen auf 1,5 Hektar blühen sie nun von Ende Juni bis Anfang Juli auf fast 25 Hektar. Mittlerweile gibt es auch ein Mohnkino.

GPS 51.198488, 9.903944

Nur noch einen Katzensprung entfernt ist Vacha, das Tor zur Rhön, Südthüringens älteste Stadt. Die mittelalterliche steinerne Werrabrücke lag im Grenzverlauf und war während der deutschen Teilung jahrzehntelang unpassierbar. Seit der Wiedervereinigung heißt sie „Brücke der Einheit" und verbindet Vacha wieder mit Philippsthal.

Die breite und aussichtsreiche B 84 entführt meinen Bayernboxer und mich ins Herz der Kuppenrhön, die sich auf bis zu 800 Metern Höhe erhebt. Mein Ziel ist der bekannte „Point Alpha" bei Geisa. Während des Kalten Krieges lagen sich, nur durch den Grenzzaun getrennt, einsatzbereite US-Truppen und Volksarmee gegenüber und belauerten einander. Über Jahrzehnte erwarteten NATO-Strategen hier einen Angriff auf Westdeutschland.

Friedlich ziehe ich auf der B 278 weiter, passiere in Tann das schmale, ampelgeregelte Stadttor und erlebe die folgende Etappe als Highway in die Hochrhön: Auf tadellosem Teer lässt er mich wieselflink durch übersichtliche Kurven kratzen, bis zur Fuldaquelle am Südhang unterhalb der Wasserkuppe. Nachdem ich mich

Die übergroße Skulptur nennt sich „Einheitsmännchen“.

am eiskalten Nass erfrischt habe, erreiche ich das nur wenige hundert Meter entfernte Fliegermekka und klappe an den kostenlosen Motorradparkplätzen vor dem Luftsportzentrum den Seitenständer aus.

Historisches Fliegerdenkmal

15 Minuten Fußweg später stehe ich vor der riesigen Radarkuppel auf dem 950 Meter hohen Gipfel. Dahinter tut sich ein fantastisches Panorama bewaldeter Rhönkuppen auf, während über meinem Kopf vereinzelte Segelflieger lautlos ihre Kreise ziehen. Das am Westhang gelegene historische Fliegerdenkmal ist auch nur noch wenige Schritte entfernt.

1923 wurde dort ein imposanter Bronzeadler aufgestellt und eine Tafel angebracht, auf der an jene erinnert wird, „die im Frieden und im Kriege im Kampf um die Eroberung der Luft ihr Leben gewagt und eingesetzt, mit ihrem Tode ihr Streben besiegelt haben“.

Fast schon einem Absturz gleicht meine abschüssige Fahrt hinunter nach Dietges, das am 42 Kilometer langen Hochrhönring liegt. Die Rundtour um den 835 Meter hohen Berg Milseburg bietet wunderschöne Fernblicke über die gesamte Region. Perfekte Radien lassen mich durch diese Bilderbuchlandschaft gleiten, aus der wenig später das Barockschloss Bieberstein hervorsticht.

Nun kommt der hessische Teil der Kuppenrhön unter meine Räder. Weiterhin auf kurzweiligen Nebenstrecken unterwegs, verlangt mittendrin das im Stil der Weserrenaissance errichtete Schloss Buchenau nach einem Halt. Nach dem Studium der Straßenkarte entscheide ich mich für einen Abstecher durch den nahen Seulingswald, ein dicht bewachsenes, bis 480 Meter hohes Mittelgebirge.

Das Barockschloss Biberstein beherbergt heutzutage ein Internat.

Im Weiler Hönebach schlage ich wie ein flüchtender Feldhase einen Haken, quere die A4 und erreiche schon bald den Eisenbahnknotenpunkt Bebra an der Fulda, die mein heutiges Tourengebiet im Westen begrenzt. 16 Kilometer folge ich ihr stromaufwärts nach Bad Hersfeld.

Die langweilige Passage zur Festspiel- und Kurstadt gerät schnell in Vergessenheit, als auf der B 324 der höchste Gang einrastet und kühle Luft in meinen Helm strömt.

Es wird märchenhaft

Schmerzfrei biege ich hinter dem Örtchen Aua ab. Damit wieder im Knüllwald angekommen, wird es mit dem Besuch von Schloss Neuenstein märchenhaft für mich: Im Innenhof, zu Füßen des mächtigen Bergfrieds, verbirgt sich Rotkäppchens üppiger Rosengarten.

Üppig waren auch die hinter meinem Rücklicht liegenden Kilometer, doch das frühe Aufstehen und die langen Juniabende lassen mir noch genügend Zeit, den schwindenden Tag auf dem Turm der Burgruine Wallenstein fast schon romantisch ausklingen zu lassen. ◂

TOUREN-STECKBRIEF

STRECKENLÄNGE 625 Kilometer

ETAPPEN Spangenberg, Waldkappel, Germerode, Werleshausen, Berlepsch, Hannoversch Münden, Witzenhausen, Hessisch-Lichtenau, Spangenberg, Rotenburg an der Fulda, Nentershausen, Grandenborn, Weißenborn, Herleshausen, Vacha, Geisa, Wasserkuppe, Hofbieber, Bebra, Bad Hersfeld, Wallenstein.

CHARAKTERISTIK Kurvenreiche Nebenstrecken verbinden sehenswerte Fachwerkorte, Burgen und Schlösser in Hessen und Thüringen. Mit von der Partie sind die abwechslungsreichen Landschaftsbilder des Naturparks Münden und des Biosphärenreservats Rhön. Die beschriebene länderübergreifende Tour informiert nebenbei über die deutsche Teilung.

ATTRAKTIONEN Der den Beginn der Weser markierende **Weserstein** (GPS 51.421019, 9.648368), **Point Alpha** (GPS 50.720133, 9.928130) zwischen Geisa und Rasdor.

UNTERKUNFT Strategisch gut zwischen Spangenberg und Wallenstein gelegen bietet Adi Gombert in seinem Hotel **Zur Linde** (GPS 51.007279, 9.536794) familiäre Atmosphäre. Biker sind ausdrücklich willkommen. **adihotels.de**

Hann. Münden
Worbis
A 38
Route in Kurviger
erenberg
Berlepsch
Witzenhausen
B 251
Kassel
ngelstädt
Werleshausen
A 49
B 24
natal
Helsa
Bad Sooden-Allendorf
Schwalbenthal
Germerode
B 254
Hessisch Lichtenau
Eschwege
B 323
ar
Spangenberg
Waldkappel
Weißenborn
Wabern
Grandenborn
B 250
B 83
Creuzburg
Rotenburg an der Fulda
Sontra
B 400
Herleshausen
L 102
Bebra
Gerstungen
Wallenstein
Eisenach
Werra-Suhl-Tal
eukirchen
Heringen (Werra)
B 19
B 454
Bad Hersfeld
A 4
Vacha
A 7
Schenklengsfeld
Bad Salzungen
Niederaula
A 7
Dermbach
Geisa
Schlitz
Wasungen
B 278
Hünfeld
Kaltennordheim
Lauterbach
B 285
B 275
Hofbieber
Fulda
Wasserkuppe
Fladungen
7.5 km
A 66

Im Rotkäppchenland

Auf der Suche nach dem berühmten kleinen Mädchen, ohne sich dabei einen Wolf zu fahren. Tagsüber auf kurvigen Landstraßen der Grimm-Heimat fabelhaft reisen und abends bei einer echten Märchenköchin sagenhaft speisen.

Ein rustikaler Aussichtsturm steht auf dem 634 Meter hohen Knüllköpfchen.

Ziemlich genervt bogen wir gestern von der A7 ab, der übliche Mix aus Baustellen, Staus und Lkw-Kolonnen lag hinter uns, als wir vor der Touristinfo in Remsfeld die Zündschlüssel zogen.

Nach einem freundlichen Empfang hielten wir die kostenlose Motorrad-Tourenkarte in den Händen, unsere schlechte Laune war wie weggeblasen. Die vor dem Haus aufgestellte Skulptur „Rotkäppchen und der Wolf" bereitete uns darauf vor, dass man Märchen nicht nur in dicken, verstaubten Wälzern findet, sondern auch im Herzen Deutschlands.

Das Landhotel Zinn, im unweit gelegenen Wallenstein, sollte unser Basislager für ausgedehnte Touren in das Rotkäppchenland werden. Unterhalb der Burgruine, einst Sitz der Grafen und Ritter von Wallenstein, besuchten wir das „Strandbad No. 1", das seit Kurzem auch von den Zinns bewirtschaftet wird.

Rotkäppchen und der Wolf sind vor der Remsfelder Touristinfo zu finden.

Nach einer erfrischen Runde im Schwimmteich, entspannten wir auf der Sonnenterrasse und überlegten, was wir am Abend essen wollten. Der Juniorchef Moritz verwöhnt zusammen mit seiner Mutter Petra, einer ausgewiesenen Märchenköchin, Gäste von Nah und Fern mit kulinarischen Köstlichkeiten. Zu fortgeschrittener Stunde gesellte sich ihr Ehemann Udo, seines Zeichens Wirt und begeisterter GS-Treiber, zu uns, um einige seiner Lieblingsstrecken zu empfehlen.

König nordhessischer Berge

Nach einem üppigen Frühstück machen wir uns auf, um in aller Herrgottsfrühe durch den einsamen Knüllwald zu streifen. Nichts stellt sich uns in den Weg, als wir auf kehren- und kurvenreicher Bergstrecke am Geiskopf vorbei nach Rotenburg an der Fulda eilen.

Parallel zur B 27 schlängelt sich ein attraktives Asphaltband über Berg und Tal nach Rockensüß und von dort an nicht minder reizvoll bis nach Waldkappel. Aus dem Wehretal beginnen wir mit dem Anstieg zum König der nordhessischen Berge: dem Hohen Meißner.

Wir brummen durch verschlafene Dörfer, hüpfen auf verwinkelten

Weite Teile der Tour führen abseits der Hauptstraßen über landschaftlich reizvolle Nebenstrecken.

Landstraßen über bewaldete Kuppen, erkunden das Höllental und kehren dann neugierig in der Jausenstation Großalmerode-Weißenbach ein, wo es um die Wurst geht: Wir lassen uns eine nordhessische Spezialität – die Ahle Wurscht – schmecken.

Gut gestärkt gelangen wir wenig später auf das weitläufige Hochplateau, das von der Kasseler Kuppe mit 754 Höhenmetern gekrönt wird.

Der Frau-Holle-Teich ist ein Gewässer auf dem Hohen Meißner.

Die Bergregion ist nicht nur für seine beeindruckenden Panoramen bekannt, sondern gilt auch als Heimat des Märchens Frau Holle. Dabei soll ein junges Mädchen, von der bösen Stiefmutter drangsaliert und ausgenutzt, in einen Brunnen gestürzt sein, der sich als Tor in eine Parallelwelt entpuppt: Fortan muss sie Aufgaben bei Frau Holle meistern. Weil äußerst fleißig und geschickt, erhält sie als gerechten Lohn die Freiheit und wird mit Gold überschüttet.

Als die neidische Stiefschwester davon erfährt, gelangt sie ebenfalls durch den magischen Brunnen zu Frau Holle, wird aber, weil faul und ungeschickt, mit einem Pechregen bestraft. Die waschechten Hessen Jacob und Wilhelm Grimm verewigten die Erzählung in ihren vor 200 Jahren erstmals veröffentlichten „Kinder- und Hausmärchen“. Lange vorher wurde am Meißner Bergbau

Mit 612 Metern Höhe sticht der Aussichtsbalkon Schwalbenthal aus seiner Umgebung heraus.

betrieben, das am Hang klebende Gasthaus Schwalbenthal ist das letzte von einst zehn Häusern der damaligen Bergarbeitersiedlung. Vom hiesigen Aussichtspunkt lassen wir unsere Blicke über das Werratal in Richtung Thüringen wandern.

Gewässervereinigung

Wie beim Riesenslalom schwingen wir anschließend hinunter nach Hessisch Lichtenau und stoßen auf dem Weg zur Fachwerkstadt Melsungen wieder einmal auf eine fahrerisch anspruchsvolle Alternative zur Bundesstraße.

Dass es dem hessischen Landadel früher an nichts fehlte, wird deutlich, als wir das hoch über dem Ort thronende Schloss Spangenberg entdecken. In Morschen wechseln wir über die träge dahinfließende Fulda, die sich im nicht allzu fernen Hannoversch Münden mit der Werra zur Weser vereinigen wird.

Als es Zeit für eine Kaffeepause und einen kleinen Stadtbummel wird, kommt Homberg mit seinem historischen Ortskern gerade recht. Hinter der dicken Festungsmauer verbergen sich malerische Gassen und kunstvolles Fachwerk ohne Ende. Am großzügigen Marktplatz zu Füßen der evangelischen Stadtkirche St. Marien angekommen, schauen wir zur Skulptur „Brüderchen und Schwesterchen“ auf, deren fabelhafte Geschichte ebenfalls Einzug in die Sammlung der Gebrüder Grimm fand.

Hier geht es um ein Geschwisterpaar, das sich auf der Flucht vor der bösen Hexenstiefmutter in einem Wald versteckt. Die fiese Alte vergiftet dort alle Bäche, das Brüderchen trinkt daraus und verwandelt sich in ein Reh. Die Schwester weicht ihm nicht mehr von der Seite und heiratet später einen waschechten König. Die hinterhältige Stiefmutter erfährt davon und wendet erneut einen Zaubertrick an, bei dem die eigene hässliche Tochter die Stelle der neuen Königin einnimmt. Doch das Gute siegt immer, die List fällt auf, der Zauber verfliegt und die Bösen erhalten ihre gerechte Strafe.

Fast schon nebenan sitzt Philipp Landgraf zu Hessen und scheint uns die Hand zu reichen. Die Statue zeigt den Fürsten, der noch minderjährig, Anfang des 16. Jahrhunderts erste Regierungsgeschäfte tätigte, später den protestantischen Glauben förderte und mit der Marburger Hochschule die Wissenschaften unterstützte.

Lack, Leder und Gummi

Mit der Romantik ist es allerdings vorbei, als wir vor dem Show-Room des berühmten Harley-Davidson-Veredlers Fred Kodlin von unseren verschmutzen Maschinen steigen und neugierig dieses besondere Studio für Lack, Leder und Gummi betreten, indem ganz spezielle Wünsche erfüllt werden. Ausgefallene Lackierungen, glänzender Chrom und über-

Die Homberger Skulptur Brüderchen und Schwesterchen erinnert an das gleichnamige Märchen.

breite Reifen stechen ins Auge – alles Unikate. Zahlreiche Größen der Unterhaltungsbranche ließen sich hier ihr Traummotorrad bauen.

Zurück in der rauen Wirklichkeit erreichen wir wenig später die Dom- und Kaiserstadt Fritzlar. Glaubt man den Überlieferungen, rückten im 8. Jahrhundert bewaffnete Christen aus, um die von heidnischen Stämmen angebetete Donareiche im benachbarten Geismar zu fällen. Brutal von der Ohnmacht der nordischen Gottheiten überzeugt, wechselten viele Germanen den Glauben. Auf Schusters Rappen schlendern wir zum Marktplatz, der von malerischen Fachwerkhäusern umrahmt wird. Seit 450 Jahren plätschert hier der beeindruckende Rolandbrunnen, einst über hölzerne Rohrleitungen mit dem Wasser der Eder gespeist.

Philipp Landgraf zu Hessen legte sich mit dem Kaiser an.

Kurven und Naturschönheiten

Im Edertal angekommen, folgen wir dem Flusslauf und besuchen den zwischen Afolderner See und Ederstausee gelegenen Bikertreff Café Zündstoff. Nach einem heißen Kaffee machen wir uns auf zum gigantischen Wasserreservoir, das von einer 48 Meter hohen Staumauer gebändigt wird. Die schmale Uferstraße schmiegt sich windungsreich an das glänzende Nass, auf dem See zieht ein Fahrgastschiff ruhig dahin und hoch über uns thront Schloss Waldeck. Trotz aller Naturschönheiten sollte man den Tacho nicht aus den Augen lassen, denn die bei Kurvenkratzern beliebte und mit Tempolimit belegte Route wird häufig von mobilen Blitzern überwacht.

Nach so viel Beherrschung kommen die Serpentinen hinauf nach Vöhl

gerade recht – endlich darf die Drehzahl aus dem Keller. Die nahe Bundesstraße verschmähen wir, es lockt die fahrerisch reizvolle Alternative über Sachsenberg nach Frankenberg.

Das Städtchen an der Eder wurde durch sein historisches Rathaus bekannt, dass mit allerlei Besonderheiten aufwarten kann: Zu ebener Erde schreiten wir durch eine weiträumige Markthalle, die vor Wettereinflüssen schützt; aus dem oberen Stockwerk schauen die um 1500 von einem talentierten Sohn dieser Stadt geschaffenen originellen Holzfiguren auf uns herab und das graue Schieferdach trägt zehn Türmchen, die auf die einstigen Zünfte Frankenbergs hinweisen.

Nach mehreren Dutzend Schräglagenwechseln entdecken wir in einer der vielen Ederschleifen unser nächstes Ziel: Der einladende Biergarten des Bikertreffs Arnold im bergigen Dodenau. Das letzte aromatische Heißgetränk auf unserer Tour genießen wir ein paar Schaltvorgänge später am Aussichtpunkt Sackpfeife am östlichen Rand des Rothaargebirges.

Mit „nur“ 674 Metern ist es nicht der höchste Berg, aber der mit dem

TOUREN-TIPP

Der im Jahr 1968 gegründete **Wildpark Knüll** beherbergt auf rund 50 Hektar Fläche ca. 450 Tiere aus 40 Arten. Besonderer Anziehungspunkt des Tiergeheges bei Homburg (GPS 50.988411, 9.429127) ist die Bären-Wolfswohngemeinschaft. In der großzügig gestalteten Anlage leben zwei Braunbären und ein aus sieben Tieren bestehendes Wolfsrudel friedlich nebeneinander und können aus nächster Nähe beobachtet werden. **naturpark-knuell.de**

Die Eder sorgt auf ihrem Weg vom Rothaargebirge zur Fulda für reichlich nassen Nachschub im Ederstausee.

Farbenfrohes Fachwerk in Fritzlar (oben). Das „Zündstoff" am Edersee ist ein beliebter Bikertreff (unten).

schönsten Panorama. Und die biegungsreiche Auffahrt ist auch nicht von schlechten Eltern.

Auf der Rückreise meiden wir weitestgehend die Hauptstraßen und tasten uns auf lohnenswerten Kreisstraßen über Wetter bis an den Rand

von Kirchhain entlang. Nachdem wir den Staatsforst Trevsa durcheilt haben, taucht vor unseren Lenkern Schwalmstadt-Ziegenhain auf.

Der Wasserlauf Schwalm prägt den Namen dieser Region und speist nebenbei den Burggraben der barocken Wasserfestung. Während des Dreißigjährigen Krieges wehrte sie zahlreiche Belagerungen ab, doch als wir hinein rollen, schlägt uns keinerlei Widerstand entgegen. Vor mehr als hundert Jahren trugen Frauen, Männer und Kinder alltags bodenständige, an Sonn- und Feiertagen reich verzierte Gewänder, die nicht nur strengen Regeln unterlagen, sondern auch Auskunft über Familienstand, Herkunft und Vermögen gaben: die

Schwälmer Tracht. Die Jugend wurde durch die Farbe Rot signalisiert, während die letzte Lebensetappe mit der Nichtfarbe Schwarz einherging. Mit wachsendem Alter wechselte beim Herrn die Farbe der Weste und bei der Dame die Farbe der Haube. Diese heißt Betzel und bedeckte den auf dem Kopf gebundenen Haarknoten.

Der böse Wolf

Vielleicht ließen sich die Gebrüder Grimm tatsächlich von der Schwälmer Tracht inspirieren, als sie die Fabel vom Rotkäppchen und dem Wolf niederschrieben und in Nordhessen ansiedelten: Ein artiges Mädchen soll der kranken Großmutter, die tief im dunklen Wald wohnt, Kuchen und Wein zur Genesung bringen, darf dabei aber den rechten Weg nicht verlassen. Unterwegs vom bösen Wolf angesprochen, der Appetit auf die Mitbringsel, die Großmutter und das Rotkäppchen hat, wird das Mädchen abgelenkt und erreicht das Ziel verspätet. Der Wolf, der seinen Vorsprung genutzt und bereits die Großmutter gefressen hat, verschlingt nun auch noch die Kleine. Satt eingeschlafen und laut schnarchend vom Jäger entdeckt, erkennt dieser sofort die Situation und schneidet dem Wolf den Bauch auf, befreit Alt und Jung und tötet anschließend den Wolf.

Wie passend, dass uns die flüssig zu fahrende Deutsche Märchenstraße B 454 auf der Suche nach dem Rotkäppchen mit nach Südosten nimmt, wollen wir doch das Knüllgebirge entdecken, das auch Wölfe beheimaten soll. Den Einstieg in das wald- und wasserreiche Mittelgebirge finden wir in Neukirchen. Die dann folgende Etappe um das Lager Schwarzenborn entpuppt sich als geniale Schräglagenstrecke und bietet einem echte Aufstiegsmöglichkeiten: den 634 Meter

Die zehn Türme des Frankenberger Rathauses symbolisieren die zehn Zünfte, die hier einst zuhause waren.

TOUREN-STECKBRIEF

STRECKENLÄNGE 430 Kilometer

ROADBOOK Knüllwald, Rotenburg, Rockensüß, Waldkappel, Weißenbach, Hessisch Lichtenau, Melsungen, Homberg, Fritzlar, Vöhl, Sachsenberg, Frankenberg, Dodenau, Kirchhain, Ziegenhain, Neukirchen, Knüllwald.

CHARAKTERISTIK: Das Hessische Bergland erstreckt sich im Dreieck von Kassel im Norden bis nach Fulda im Süden und bis Marburg im Westen. Hier ticken die Uhren einfach langsamer. Die Regionen von Knüllgebirge, Wildunger Bergland und Naturpark Kellerwald-Edersee sind landschaftlich überaus reizvolle Erholungsgebiete, die durch ein dichtes und kurviges Straßennetz miteinander verbunden werden. Das hat sowohl für Anfänger, als auch für alte Hasen viele charmante Strecken zu bieten.

ATTRAKTIONEN Fahrspaß satt bieten die Bergstrecken um den **Hohen Meißner** (51.208360, 9.8472). Eher was fürs Auge sind die historischen Zentren von **Homberg** (51.033550, 9.40564), **Fritzlar** (51.131650, 9.2751) und **Frankenberg** (51.05917, 8.80114). Mit echten Aufstiegschancen locken die Türme im **Knüllgebirge** (50.91505, 9.41413).

UNTERKUNFT GS-Pilot Udo Assmann-Zinn, Wirt des bodenständigen Hauses **Landhotel Zinn** in Knüllwald, kennt nicht nur das Rotkäppchenland wie seine Westentasche, sondern auch weiter entfernte Ziele wie den Vogelsberg, die Rhön und den Thüringer Wald. Und Märchenköchin Petra Zinn sorgt mit kulinarischen Genüssen für den gelungenen Ausklang einer Tagestour. Das Hotel ist eine feine Adresse, in der Motorradfahrer ausdrücklich willkommen sind.

landhotel-zinn.de

hohen August-Franke-Turm auf dem erloschenen Vulkan Knüllköpfchen mit seinem traumhaften Rundblick in alle Richtungen und den nach einem Forstmeister benannten Borgmannturm auf dem benachbarten, nur zwei Meter höheren Eisenberg, dem Gipfel des Knüllgebirges. Wir lassen uns Zeit und genießen das Panorama. Die Sonne steht knapp über dem Horizont, als wir den Heimweg antreten. Wölfe haben wir heute nur im nahen Wildpark gesehen, doch glaubt man den Medien, ist mit der Rückkehr des Isegrims auch in den Knüllwald zu rechnen. Die ersten fürchten schon, dass es dann eine Fortsetzung des Märchens von Rotkäppchen und dem Wolf geben wird. Das ist natürlich Quatsch! ◂

Auf dem Eisenberg, dem Gipfel des Knüllgebirges, bietet der Borgmannturm Blicke bis zum Horizont.

Bad Arolsen
B 252
Wolfhagen
Hoof
Kassel
A 49
B 80
Witzenhausen
Willingen (Upland)
Korbach
Naumburg
Weißenbach
Hessisch Lichtenau
B 249
Vöhl
Waldeck
Winterberg
Fritzlar,
Melsungen
Waldkappel
480
Sachsenberg
B 253
B 485
Röddenau
Rockensüß
Frankenberg (Eder)
Dodenau
Cornberg
Allendorf (Eder)
Homberg (Efze)
B 4
Rotenburg
Gerstunge
Knüllwald
Wallenstein
Schwalmstadt
Bad Laasphe
Wetter
Amönau
Rauschenberg
Ziegenhain
B 324
Kirchhain
Neukirchen
Stadtallendorf
Bad Hersfeld
Cölbe
Oberaula
A 7
Marburg
Kirtorf
Breitenbach am Herzberg
Route in Kurviger
0 2 4 6 8 10 km
A 5
B 49
Schwalmtal

Römer & Reben

Mit dem Motorrad auf den Spuren der römischen Legionen unterwegs: über die Höhenzüge des Taunus und die besten Lagen des Rheingaus zum Riesling.

Das Mittelrheintal protzt mit Burgen, Schlössern und Türmchen wie hier in Bacharach.

Die historische Fassade des Hauses der sieben Laster in Limburgs Altstadt.

Hochmut, Geiz, Neid, Unkeuschheit, Unmäßigkeit, Zorn und Trägheit – sieben kunstvoll geschnitzte Köpfe stellen die Untugenden dar und prägen seit dem 16. Jahrhundert die historische Fassade des Hauses der sieben Laster in der Limburger Brückengasse. Eine Furt in der nur wenige Meter entfernten Lahn und die Lage an dem bedeutenden Handelsweg zwischen Antwerpen und Byzanz ließen die Domstadt im Mittelalter zu Reichtum und Macht gelangen.

Voller Tatendrang machen wir uns auf, den nächsten Flussübergang anzusteuern. Mit der Burg Runkel, die einst eine wichtige Lahnbrücke schützte, erreichen wir den Naturpark Taunus, ein Mittelgebirge, das nach Abzug der Römer 1500 Jahre ohne Namen war und nur als „die Höhe" bezeichnet wurde.

Das riesige Römische Reich sicherte seine über den Taunuskamm verlaufende Außengrenze mit der Stationierung von Truppen und dem Bau des Limes: ein von der Donau bis an den Rhein reichendes, 550 Kilometer langes Verteidigungsbollwerk. Erst im 18. Jahrhundert verlieh der Landgraf von Hessen-Homburg dem üppig bewaldeten Höhenzug den Namen Taunus. Der Begriff stammt

Die Ruine der Burg Runkel, die betagte Bogenbrücke und die schäumende Lahn bilden ein romantisches Ensemble.

Ein Gipfelkreuz und markante Antennenträger prägen das 879 Meter hohe Plateau des Großen Feldbergs.

wahrscheinlich vom römischen Geschichtsschreiber Tacitus, der in seinen Werken von einem „castellum in monte tauno" berichtet. Die Region erstreckt sich nordwestlich von Frankfurt über eine Länge von 75 und einer Breite von 35 Kilometern und gehört zum Rheinischen Schiefergebirge, das vom hessischen Bergland bis in die belgischen Ardennen reicht.

Hart am Limes

Parallel zur B 8 schlängelt sich ein von vergnügungssüchtigen Straßenbauern geschaffenes Teerband von Villmar über Haintchen und Dombach bis an die B 275. Blinker rechts – einige Gangwechsel – Blinker links – schon sind wir auf der himmelwärts gerichteten Zufahrt zum Großen Feldberg unterwegs. Er stellt mit 879 Metern nicht nur den höchsten anfahrbaren Punkt des Taunus dar, er wirkt auch wie ein Motorradfahrermagnet, denn die kostenlosen Parkplätze unterhalb des markanten

TOUREN-TIPP

Wissenswertes über die Geschichte des wiederhergestellten Kastells und den Verlauf des gigantischen Bollwerks Limes erfahren, Einblicke in das Leben der einfachen Legionäre und ihrer Offiziere gewinnen und römische Kultur kennenlernen – das alles ermöglicht der Besuch des **Römerkastells Saalburg**. Im angeschlossenen Café Taberna können auch frisch zubereitete Speisen nach antiken Rezepten genossen werden.

saalburgmuseum.de

und unter Denkmalschutz stehenden Fernmeldeturms sind an Wochenenden prall gefüllt.

Der benachbarte Aussichtsturm bietet seit seiner Errichtung im Jahre 1902 ein fantastisches Rundumpanorama auf Westerwald, Vogelsberg, Rhön, Spessart, Odenwald, Pfälzerwald, Nordpfälzer Bergland, Hunsrück und Eifel.

Sattgrünes Weiltal

Ganz in der Nähe befand sich einst ein römisches Kastell als Teil des Limes. Zur Wasserversorgung des hoch gelegenen Militärlagers wurde die Quelle der Weil genutzt. Wir folgen ihr talwärts ins sattgrüne Weiltal, wo sie sich auf fast 50 Kilometer Länge zum wasserreichsten Taunusfluss mausert, bis sie in Weilburg in die Lahn mündet.

Weil wir noch etwas mehr über die Römer wissen möchten, biegen wir in Weilmünster nach Waldsolms ab und gelangen mal links, mal rechts der Bundesstraße zur Buchfinkenstadt Usingen. Das historische Zentrum des vor 1200 Jahren gegründeten Ortes wird von der schmucken Laurentiuskirche und prächtigen Fachwerkhäusern geprägt. Noch älter ist das an der Straße nach Bad Homburg gelegene Römerkastell Saalburg, das durch seine fast vollständige Rekonstruktion als weltweit einzigartig gilt.

Salve – willkommen – durch die Porta Praetoria, das Haupttor, betreten wir das Lager, in dem bis zu 2000 Soldaten kaserniert waren. Fast zwei

Hoch über der Lahnschleife ragt seit 1545 Schloss Weilburg auf.

Die Überreste des Römerkastells Saalburg wurden bis zum Beginn der Restaurierung als Steinbruch missbraucht.

Jahrhunderte lang prägten die Römer, durch den mächtigen Grenzwall geschützt, das Leben im Taunus. Dann griffen die wilden Barbaren Germaniens an, schlugen die Besatzer in die Flucht und zerstörten die Garnison. Verfallen und vergessen, mutierten die Ruinen zum Steinbruch, bis Kaiser Wilhelm II Anfang des 20. Jahrhunderts den originalgetreuen Wiederaufbau befahl.

Fotomotive an Weil und Lahn

Nach einem Rundgang durch die imponierende Garnison, die 2005 von der UNESCO zum Weltkulturerbe erklärt wurde, preschen wir auf verkehrsarmen Nebenstrecken in Richtung Butzbach am östlichen Rand des Naturparks. Der Asphalt nimmt an Breite ab, die Dörfer werden seltener, bis wir die Fotostadt Wetzlar erreichen, die untrennbar mit der Firma Leitz verbunden ist.

Vor fast genau 100 Jahren schuf der geniale Feinmechaniker Oskar Barnack die sogenannte Ur-Leica, einen kompakten Fotoapparat, der die großen und schweren Plattenkameras ablöste. Der Kleinbildfilm trat seinen weltweiten Siegeszug an, das bis vor Kurzem analoge Negativformat 24 x 36 Millimeter wurde sogar für die Sensoren der digitalen Vollformatkameras übernommen. Die Leica Erlebniswelt bietet interessante Einblicke in die Entwicklung optischer Geräte und zeigt in wechselnden Ausstellungen Bilder namhafter Leica-Fotografen. Augen und Objektive werden gleichermaßen gut bedient, als wir anschließend auf die von weitem sichtbare Burg Braunfels stoßen. >

Die hoch über der Stadt aufragende Bastion mit ihren Türmen und Erkern wurde im 13. Jahrhundert errichtet, unzählige Male umgestaltet und erweitert, bis sie zum beeindruckenden Prachtbau mutierte. Ein paar Gasstöße später stoppen wir zu Füßen des nicht minder mondänen Schloss Weilburg, das steil aus der hufeisenförmigen Lahnschleife aufragt. Im Gegensatz zur romantisch anmutenden Burg Braunfels blieb das im Stil der Renaissance gestaltete Schloss bis heute äußerlich unverändert. Bis in die Gegenwart überdauerte auch die fünfbogige steinerne Lahnbrücke, über die wir hinauf in die sehenswerte Altstadt gelangen.

Ein verträumtes Teilstück der Deutschen Alleenstraße liegt hinter unseren Rücklichtern, als wir später an der Burg Runkel stoppen. Anders als am Morgen präsentiert sich das Dreigestirn Festung, Brücke und Lahn nun von der fotogeneren Seite. Zusammen mit dem verschlungenen Flusslauf erreichen wir Limburg, wo unsere tugendhafte Taunus-Tour endet, und sind wirklich froh, dass Motorradfahren noch immer nicht zu den Lastern zählt. Am Abend besuchen wir ein Weinlokal, um uns thematisch auf den nächsten Fahrtag einzustellen, der uns in den Rheingau führen soll. Im Rahmen einer äußerst gründlichen und umfangreichen Recherche verkosten wir verschiedene Weine. Zum Wohl!

Riesling-Runde im Rheingau

Trocken bis süß, fruchtige Säure, ein intensives Erlebnis für Gaumen und Zunge: Von all den blumigen Worten, mit denen uns ein engagierter Wirt

Familienausflug auf einer der aussichtsreichen Höhenstraßen des Rheingaus.

Rund um das von Zisterziensern gegründete Kloster Eberbach überdauerte der Weinbau.

seine Rieslingsorten während der Weinprobe anpries, blieben diese im Gedächtnis haften.

Am nächsten Morgen lenken wir unsere Motorräder auf der B 54 südwärts durchs Aartal. Am linken Spiegel fliegt die Ruine der Burg Ardeck vorbei, kurz darauf gähnt am rechten Fahrbahnrand ein riesiger Krater, der sich mehr als hundert Meter in die Erde senkt: ein Kalksteinbruch, dessen Grund den tiefsten Punkt in Rheinland-Pfalz markiert. Straße und Sonne scheinen Startschwierigkeiten zu haben, was sich aber mit Erreichen von Aarbergen und dem Wechsel in das westlichste Eckchen Hessens schlagartig ändert: Der graue Himmel reißt auf, das Tal wird enger und kurviger, hat nur noch Platz für Fluss, Bahn und Straße. Fahrspaß pur! Auch hier, an einer seichten Stelle des Wasserlaufs stand einst ein kleines Römerkastell.

Im nahen Bad Schwalbach folgen wir erst der Ausschilderung in Richtung Lorch, um dann noch vor Geroldstein links nach Eltville und damit ins Rheingaugebirge abzubiegen, das zum 800 Quadratkilometer umfassenden Naturpark Rhein-Taunus gehört. 1968 gegründet, erstreckt er sich unweit der hessischen Landeshauptstadt Wiesbaden gen Westen.

Umfangreiches Know-how

Das schmale, mittelstreifenlose Teerband steigt steil bergauf und bittet uns zum Kurventanz. Kaum haben wir in Hausen die Scheitelhöhe passiert, zirkeln wir durch wohlgeformte Rundungen und einen dunklen Wald hinunter nach Kiedrich, wo uns der markante Bergfried der Ruine Scharfenstein ins Auge fällt. Weniger auffällig, fast schon versteckt, ruht das im 12. Jahrhundert von Zisterziensern gegründete

Kloster Eberbach an der Nebenstrecke nach Hattenheim. Kriege, Reformation und Säkularisierung bewirkten große Veränderungen, nicht nur in der historischen Bausubstanz, sondern auch bei den Menschen, die hier wirkten und arbeiteten. Erhalten blieben aber umfangreiche Weinberge und das Winzer-Know-how vieler Generationen. Der sonst zielstrebig zur Nordsee fließende Rhein wird von den nach Süden abfallenden Sonnenhängen des Rheingaugebirges zur Richtungsänderung gezwungen.

Der 500 Meter hohe Hauptkamm schützt vor kalten Nordwinden und die wärmespeichernden Steillagen des Flusstales bieten eine gute Grundlage für das Wachstum der Rieslingrebe. Der Löwenanteil dieses typisch deutschen Weißweines stammt aus dem Rheingau zwischen Walluf und Lorch und wurde früher im nahen Oestrich-Winkel in Fässern auf Kähne verladen und verschifft. Eigens dafür wurde 1744 ein Weinverladekran gebaut, der bis 1926 in Betrieb war und heute das Wahrzeichen des Ortes ist. Die von außen unsichtbare Technik ist simpel und wurde schon von den Römern genutzt. Sogenannte Kranknechte liefen wie Hamster in großen Rädern vorwärts, an denen die Seilwinde befestigt war. So konnten durch reine Muskelkraft selbst große Lasten bewegt werden.

Über Berg und Tal

Der Rhein muss noch etwas warten, uns zieht es wieder in die Berge. Wenn die Etappe über Stephanshausen und Pressberg uns schon ein breites Lächeln unter den Helm zaubert, lässt uns der anschließende Ritt durchs Wispertal bis über beide Ohren grinsen!

Nach tollen Panoramen sind wir in einer grünen Kurvenhölle angekommen und fordern die Reifenflanken zur verstärkten Mitarbeit auf. Am gut

Die unzähligen Kurven des Wispertals wirken äußerst anziehend auf Schräglagenakrobaten.

Die Lage, die Portionen, die Preise und der Service machen die Wisperstube zum gern besuchten Bikertreff.

besuchten Bikertreff Wisperstube ziehen wir die Zündschlüssel und gönnen uns eine verdiente Pause. Große Portionen, kleine Preise, freundlicher Service – hier hält man gerne.

Nach einem intensiven Studium der Straßenkarte reißen wir uns von der mäandernden Wisper los und beschleunigen hinauf nach Nauroth. Mutter Natur hält einen kurzweiligen Feldwaldundwiesenmix bereit und der griffige Asphalt beugt mit allerlei Biegungen Verspannungen vor.

Am Kloster Schönau schlagen wir einen Haken und setzen in Lautert den Blinker in Richtung Lorch. Die sich anschließende Höhenstraße geizt weder mit fahrerischen, noch mit landschaftlichen Reizen. Im Mittelrheintal mit seinen trutzigen Burgen und eleganten Schlössern angekommen, lockt uns wieder einmal das Besondere: Auf einer kleinen Insel im Strom wurde im Mittelalter die Burg Pfalzgrafenstein erbaut, um Schiffszoll zu kassieren. Die waffenstarrende Bastion mit ihren Türmchen und Hauben überdauerte bis heute.

Heil an der Loreley vorbei

Nichts mit Geld und Geschützen, wohl aber mit dem Rhein und Romantik hat der Loreleyfelsen zu tun, der sich nach wenigen Schaltvorgängen vor uns erhebt. Glaubt man der alten Sage, so lockte der betörende Gesang einer bildschönen Nixe ahnungslose Rheinschiffer zu dicht ans Ufer, wo sie Schiffbruch erlitten und ertranken. Weil wir außer dem Rauschen des Fahrtwindes nichts gehört haben, gelangen wir mit heiler Haut in Sankt Goarshausen auf die B 274, die uns in den Einrich, einen niedrigen Taunusausläufer, führt. Mit jedem gefahrenen Kilometer steigert sich das

TOUREN-STECKBRIEF

STRECKENLÄNGE 480 Kilometer

ROADBOOK Limburg, Runkel, Villmar, Haintchen, Dombach, Weilburg, Weilmünster, Waldsolms, Usingen, Saalburg, Wetzlar, Braunfels, Weilburg, Runkel, Limburg, Holzheim, Aarbergen, Bad Schwalbach, Eltville, Kiedrich, Stephanshausen, Pressberg, Heidenrod, Nauroth, Kaub, Sankt Goarshausen, Katzenelnbogen, Limburg.

CHARAKTERISTIK Die waldreichen, dünn besiedelten Mittelgebirge Taunus und Rheingau werden von Rhein, Main und Lahn umflossen. Als höchster Taunusgipfel gilt der bei Motorradfahrern äußerst beliebte Große Feldberg (879 m). Die „Kalte Herberge" ragt im Rheingau mit 619 m in den Himmel. Die anspruchsvollen und meist verkehrsarmen Nebenstrecken verlaufen durch enge, gewundene Täler oder über aussichtsreiche Höhen. Die Hauptstraßen B 54 und B 274 geizen ebenfalls nicht mit Kurven.

ATTRAKTIONEN Die Fahrt hinauf und der Ausblick vom **Großen Feldberg** (50.23192, 8.45714), die Ausstellungen namhafter Fotografen in der **Leica-Welt** (50.552730, 8.53475) im Leitz-Park Wetzlar und ein Spaziergang zum **Loreley-Felsen** (50.13965, 7.73019) hoch über dem Rhein.

UNTERKUNFT Während das historische Zentrum der schmucken Domstadt nur 15 Gehminuten vom verkehrsgünstig an der A 3 gelegenen **Hotel Montana Limburg** entfernt ist, beginnen die Tourengebiete von Rheingau, Westerwald und Taunus fast vor der Hoteltür. Das Haus wurde 2001 erbaut und 2019 umfassend renoviert. Das opulente Frühstücksbuffet ist ein perfekter Start in den Tag.

montana-limburg.de

positive Fahrerlebnis über die Nebenstrecke nach Limburg.

Standhafter Zecher

Wie bekömmlich Rebensaft sein kann, erfahren wir abends am Säuferbrunnen der Altstadt, der den ehemaligen Raubritter Friedrich von Hattstein zeigt, als er 1357, um Stadthauptmann zu werden, ein Fass mit 160 Liter Wein über den Kopf hob und aus dem Spundloch trank. Die anwesenden Ratsherren und Kaufleute waren von diesem Eignungstest so begeistert, dass sie den standhaften Zecher auf der Stelle engagierten. Von Hattstein starb nur wenige Jahre später, nicht etwa am übermäßigen Weinkonsum, sondern im Kampf vor den Toren Limburgs. ◂

An der Fähre in Sankt Goarshausen ist diese Interpretation der Loreley zu bewundern.

Wetzlar
Braunfels
Odersbach
Weilburg
Waldsolms
Butzbach
Weilmünster
Bodenrod
Runkel
Villmar
Michelbach
Montabaur
Diez
Limburg an der Lahn
Holzheim
Koblenz
Lahnstein
Usingen
Florstadt
Dombach
Neu-Anspach
Friedberg (Hessen)
Saalburg
Rhens
Aarbergen
Idstein
Katzenelnbogen
Boppard
Nastätten
Bad Homburg
Sankt Goar
Bad Schwalbach
Schlangenbad
Frankfurt am Main
Wiesbaden
Hattersheim
Presberg
Lorch
Stephanshausen
Eltville
Mainz
Bingen
Geisenheim
Rüsselsheim am Main
A 3
A 43
B 49
A 61
B 327
B 54
A 5
B 8
B 45
B 40
A 643
A 67
B 42
Route in Kurviger
0 2 4 6 8 10 km

Hoch über der Mosel erhebt sich Cochems Wahrzeichen, die Reichsburg.

Traubentourer

Besondere Weine, edle Steine und brutale Banditen: Zutaten für einen spannenden Krimi. Kombiniert mit Burgen, Kurven und Romantik ergibt das ein kurzweiliges Motorradwochenende an der Mosel und im Hunsrück.

Voller Elan starten wir in den Tag. Auf dem sonnenbeschienenen linken Moselufer touren wir ab Treis-Karden, wo wir mit der B 49 den Strom queren, hinter uns die leuchtenden Eifelhänge, vor uns die schattigen Hunsrückflanken.

Nach rund 25 Kilometern biegen wir bei Alken zur doppeltürmigen Burg Thurant ab, die auf einer Felsnase hoch über dem Ort thront und zu den ältesten Bastionen des Mosellandes zählt. Während wir von den dicken Mauern aus eine fantastische Weitsicht genießen, ist das Ende des vor unseren staubigen Stiefeln träge dahin fließenden Gewässers nicht mehr fern.

Der Zusammenfluss von Mosel und Rhein hat ein überdimensionales Tortenstück geformt: Das gern besuchte Deutsche Eck in Koblenz. Zwischen dem hoch aufragenden Kaiser-Wilhelm-Denkmal und der mächtigen Festung Ehrenbreitstein flackern unzählige Kamerablitze in lächelnde Touristengesichter.

Viel weniger Beachtung findet der zwischen den Strömen liegende Hunsrück. Wir machen uns auf die Reifen und steuern anfangs auf der B 9 in Richtung Boppard, bis uns die 327 auf gelbem Grund in ihren Bann zieht. Die kurz vor Beginn des Zweiten Weltkrieges in Rekordzeit aus dem Boden gestampfte Hunsrück-

Die über der Mosel gelegene Burg Thurant fußt auf römischen Grundmauern.

Zwischen den malerischen Rheinstädtchen Sankt Goar und Sankt Goarshausen verkehrt die Loreleyfähre.

höhenstraße verbindet Koblenz mit Saarburg an der Grenze zu Luxembourg und markiert gleichzeitig die Wasserscheide Mosel – Nahe.

Der gute Ausbauzustand und die Umfahrung vieler Orte lassen zwar ein flottes Tempo zu, geizen aber mit reizenden Kurven. Was liegt da näher, als Reißaus zu nehmen und bei Udenhausen nach Boppard abzubiegen? Eine gute Entscheidung, denn die ausgewählte Landstraße schickt uns auf windungsreichem Teer durch sattgrüne Laubwälder talwärts, bis vor unseren Cockpits der Mittelrhein auftaucht. Auch die B 9 meint es gut mit uns. Bis Sankt Goar weichen wir dem Rhein nicht von der Seite. Die Namen der vorbeiziehenden Lastkähne und Ausflugsschiffe, Klöster und Festungen können wir uns nicht alle merken, wohl aber Burg Maus bei Wellmich und Burg Katz bei Sankt Goarshausen. Ganz in der Nähe liegt der weltberühmte Loreleyfelsen, der auf einer zünftigen Rheinfahrt nicht fehlen darf. An diesem besonders gefährlichen Abschnitt der Wasserstraße soll seit Jahrhunderten ein sagenumwobenes Frauenzimmer durch besondere Schönheit und betörenden Gesang manch armen Steuermann zum Kentern gebracht haben.

Übern Berg

Doch nun genug von deutscher Romantik: An der Ruine von Burg Rheinfels beginnen wir mit einem erneuten Aufstieg zur Hunsrückhöhenstraße. Anfangs ganz entspannt am Gründelbach entlang, heißt es dann wenig später einen Gang herunterschalten und kräftig am Kabel ziehen, um die Kehren vor Emmelshausen zu meistern. Nachdem wir den Verkehrsknotenpunkt passiert haben,

Die sanft gewellte Hunsrückhochebene präsentiert einen bunten Flickenteppich aus weiten Feldern und kleinen Wäldern.

sind wir wieder im hohen Gang auf der B 327 unterwegs.

Am südlichen Rand von Kastellaun fordern wir die seit etlichen Kilometern unbenutzten Bremsen zur Arbeit auf und biegen nach Bell ab. Inmitten eines Flickenteppichs aus weiten Feldern und kleinen Wäldern ragt ein einsamer Turm empor.

Macht will abgesichert sein

Neugierig geworden, steuern wir ihn an. Gut so, denn kräftiger Nordwestwind schickt dunkle Wolken übers Land. Unter dem schützenden Dach der Aussichtsplattform warten wir einige Schauer ab, um dann zur nahegelegenen Burgruine Balduinseck aufzubrechen. Im 14. Jahrhundert sicherte der Erzbischof von Trier, Balduin von Luxemburg, seinen hiesigen Machtbereich mit drei wehrhaften Burgen ab. Die im Tal zwischen Buch und Mastershausen gelegene mag wohl die modernste ihrer Zeit gewesen sein, denn im mächtigen Wohnturm sorgten ein Brunnen und mehrere Kamine stets für frisches Wasser und wohlige Wärme.

Vom Aussichtsturm in Mastershausen lassen sich Hunsrück, und bei gutem Wetter auch Eifel und Westerwald überblicken.

Welchen Komfort die Zisterzienserinnen im nicht weit entfernten Kloster Maria Engelport genießen durften, wissen wir nicht, aber die weltabgeschiedene Lage im Flaumbachtal dürfte für keinerlei Ablenkung gesorgt haben. Volle Aufmerksamkeit verlangt der schmale Teer, der den kapriziösen Windungen des zur Mosel führenden Baches folgt und uns erst bei Treis-Karden aus Dunkelheit und Enge entlässt.

Spezialitäten & Skurrilitäten

Selten haben unsere Motorräder standesgemäßer genächtigt, als in Klaus Berens Garage: Statt an dunklen Wegesrändern, in windschiefen Scheunen oder nasskalten Tiefgaragen schlummerten sie im ehemaligen Tanzsaal des Hotels zur Post im beschaulichen Klotten an der Mosel. Zwischen Cochem und Trier gleicht der Strom einem überdimensionalen Regenwurm, eine Flussschleife folgt der nächsten. Auch hier gehört zu fast jedem Rebhang eine Burg.

Den Anfang macht die hoch über Cochem aufragende Reichsburg, die, stark beschädigt und dem Verfall preisgegeben, von einem romantischen Gönner wiederaufgebaut wurde. Mit ihren Türmchen, Erkern und Zinnen erinnert sie ein wenig an das phantastische Disneyland. Harte Realität spüren dagegen jene Winzer, die in den extrem steilen Lagen bei Ediger-Eller, Calmont und Bremm schaffen. Maschinen können hier nicht eingesetzt werden, Handarbeit ist Trumpf.

Am Verkehrsknotenpunkt Alf führt uns die markante Doppelstockbrücke aufs östliche Ufer. Über uns rattert ein Zug, unter uns fließt die Mosel. Wir sind ihr erst 30 Kilometer gefolgt, als eine Skurrilität den ersten Halt fordert. Denn im kleinen Merl steht seit einigen Jahren der Welt größter Pissamann, das besondere Maskottchen der Merler Weinfreude.

Der Pissamann ist das besondere Maskottchen der Merler Weinfreunde und zugleich weltgrößtes Exemplar seiner Art.

Die Moselweinlagen können mitunter ganz schön steil sein.

Anders als erhofft, spendet das Tonnenwesen auf Knopfdruck aber nur Wasser. Im nahen Zell fordert ein weiterer Wasserspeier unsere Aufmerksamkeit: der Brunnen der Schwarzen Katz. Angeblich soll sie Mitte des 19. Jahrhunderts fauchend ein Weinfass verteidigt haben, dessen Inhalt nach einer Verkostung zu einem wahren Verkaufsschlager wurde.

Rebhang und Rebensaft tragen seither den Namen Zeller Schwarze Katz. Damit stoßen wir das Tor zur Mittelmosel auf, die sich von hier über 120 Kilometer bis nach Trier erstreckt. Ein paar Schaltvorgänge später gedeiht am gegenüberliegenden Ufer noch ein bekannter Wein: der Kröver Nacktarsch. Die Bezeichnung wurde nicht von angetrunkenen Marketingstrategen erdacht und hat auch nichts mit einem entblößten Hinterteil zu tun, sondern mit dem im Winter laublosen, nackten Südhang. Die zahlreichen und oft verwinkelten Ortsdurchfahrten verhindern ein flottes Tempo, da kommt am Rand von Traben-Trarbach eine vielversprechende Abzweigung in die Berge gerade recht. Von den Höhenzügen aus können wir nicht nur das geschäftige Treiben auf dem Strom beobachten, sondern auch das friedvolle Miteinander von Burgen und Weißweinreben.

Römische Reste

Über den Elisenberg, auf dem schon Napoleon weilte, kurven wir hinunter nach Mülheim. Lange vor dem kleinen Franzosen waren die Römer hier zu Gast. Sie brachten erste Rebstöcke ins Land der Barbaren, wo an den Sonnenhängen des stark gewundenen Flusses, dem Weingott Bacchus sei Dank, ideale Anbaubedingungen herrschten. Dort, wo heute das Piesporter Goldtröpfchen gehegt und gepflegt wird, wurde unlängst eine antike römische Kelteranlage ausgegraben.

Damit nicht genug. Im nahen Neumagen-Dhron stoppen wir die Kräder vor dem Weinschiff – dem steinernen Nachbau einer von Ruderern angetriebenen, mit Weinfässern beladenen Galeere. Weltgeschichte lässt sich mit einer Tasse Kaffee in der Hand viel besser verstehen und die Konditorei gegenüber sieht so einladend aus, dass wir nicht widerstehen können.

Zusammen mit der B 53 wechseln wir aufs andere Ufer und schlängeln uns am Fuße der Moselberge entlang nach Trier. Je näher wir kommen, desto dichter wird der Verkehr. Kein Wunder, müssen sich Straßen, Schienen und Strom das enge Tal teilen.

Ein absolutes Muss ist ein Besuch der Porta Nigra, dem größten erhaltenen Stadttor des ehemaligen römischen Imperiums. Nach einer ordentlichen Portion Kultur juckt die Gashand, Zeit die Zügel locker zu lassen.

Die Drehzahlmessernadel beginnt aufgeregt zu tanzen, als wir auf einer schön geschwungenen Nebenstrecke über die Ruwer hüpfen, in den Naturpark Saar-Hunsrück eindringen und uns durch den Osburger Hochwald abermals zur Hunsrückhöhenstraße empor kämpfen. Der Name hält, auch

Das steinerne Weinschiff in Neumagen-Drohn zeigt eine von Ruderern angetriebene Galeere.

Das Schwarze Tor, die Trierer Porta Nigra, steht am Kreuzungspunkt wichtiger antiker Handelswege.

hier, was er verspricht! Wie sein nördliches Pendant verläuft das panoramenreiche Teerband auch weitestgehend auf dem Hauptkamm des Mittelgebirges, ist aber mit Radien aller Güteklassen gespickt und lässt dennoch ein hohes Reisetempo zu.

TOUREN-TIPP

Kaiser Mark Aurel regierte im 2. Jahrhundert n. Chr. das Römische Reich und befahl den Bau des riesigen Stadttores in der Colonia Augusta Treverorum, wie Trier seinerzeit genannt wurde. Seinen Namen **Porta Nigra** (Schwarzes Tor) erhielt das Bauwerk am Kreuzungspunkt wichtiger Heer- und Handelsstraßen im Mittelalter aufgrund der dunklen Steinquader.

GPS 49.759680, 6.644025

Wir halten die Höhe, bis wir bei Hermeskeil vor dem Kassenhäuschen der sehenswerten Flugausstellung landen. Auf dem weitläufigen Gelände und in den Ausstellungshallen können wir über 100 Exponate bewundern: Vom ersten Gleiter bis hin zur Concorde wird alles geboten.

Beim Schinderhannes

Eng mit dem Hunsrück verbunden ist die schillernde Person des Schinderhannes: Ende des 18. Jahrhunderts, als französische Truppen das linksrheinische Gebiet besetzt hatten, begann der blutjunge Johannes Bückler, Schinderhannes genannt, seine kriminelle Karriere. Armut und Hunger, Raub und Mord waren an der Tagesordnung. Bückler setzte sich in seiner Bande brutal durch, stieg bis zum Räuberhauptmann auf, wurde gefangen genommen, konnte aber fliehen. Weil wir nicht auf der Flucht sind, biegen wir in Morbach ab.

Nur 16 Kilometer Luftlinie vom Mosellauf entfernt, beginnen wir unseren Kurventanz über den Höhenzug Idarwald nach Bruchweiler und weiter nach Allenbach. Ganz in der Nähe liegt der 816 Meter hohe Erbeskopf: der Gipfel des Hunsrücks. Zu seinen Füßen erblickt der Idarbach das Licht der Welt und gurgelt nach Idar-Oberstein. Wasserkraft treibt dort die Schleifmühlen der historischen Weiherschleife an.

Die Anfänge des Edelsteinschleifens gehen zurück auf die reichen Funde in der Region und deren Abbau seit dem Mittelalter. Einblicke in die Geschichte der Stadt und Wissenswertes über wertvolle Mineralien erfahren wir im Deutschen Edelsteinmuseum. Für kurze Zeit leisten wir der Nahe Gesellschaft, bevor wir ins malerische Hahnenbachtal abbiegen, dessen Eingang von der Ruine der Kyrburg geprägt wird.

Drei-Sterne-Etappe

Eng und windungsreich ist es hier, was den Spaßfaktor deutlich nach oben treibt. Die Hunsrück Schiefer- und Burgenstraße geleitet uns über Rhaunen auf einer landschaftlichen Drei-Sterne Etappe zurück an die B 327. Damit verlassen wir den Naturpark und passieren den Stumpfen Turm, die Ruine eines zur nahegelegenen Burg Baldenau zählenden Außenpostens. Er markiert den 560 Meter hohen Gipfelpunkt der Tour und erinnert uns, bald von der Hauptstraße

Der Aussichtsturm bei Bell wird auch Gänsehalsturm genannt.

TOUREN-STECKBRIEF

STRECKENLÄNGE 510 Kilometer

ROADBOOK Treis-Karden, Alken, Koblenz, Boppard, Sankt Goar, Emmelshausen, Kastellaun, Bell, Treis-Karden, Klotten, Merl, Zell, Traben-Trarbach, Mülheim, Neumagen-Dhron, Trier, Hermeskeil, Bruchweiler, Allenbach, Kirn, Rhaunen, Beilstein, Cochem.

CHARAKTERISTIK Zwischen Perl und dem Deutschen Eck windet sich die Mosel 250 Kilometer durch ihr enges, von steilen Hängen flankiertes Tal. Während Koblenz und Trier eine hohe Verkehrsdichte aufweisen und die Durchfahrten bekannter Weinorte zeitraubend sein können, glänzt der bis zu 800 Meter hohe und nur dünn besiedelte Mittelgebirgszug Hunsrück mit verkehrsarmen Straßen.

ATTRAKTIONEN Am **Deutschen Eck** (50.363746, 7.605396) in Koblenz zuschauen, wie die Mosel in den Rhein mündet, das **römische Weinschiff** in Neumagen-Drohn (49.853868, 6.892911) bestaunen, in der **Flugausstellung Hermeskeil** (49.685665, 6.961345) entdecken, was so alles in die Luft gehen kann sowie im **Deutschen Edelsteinmuseum** (49.718922, 7.304567) in Idar-Oberstein edle Juwelen bewundern.

UNTERKUNFT Ob an der romantischen Mosel entlang, durch den menschenleeren Hunsrück oder hinauf in die kurvige Eifel, das **Hotel Zur Post** in Klotten ist der ideale Ausgangspunkt für ausgedehnte Touren. Das familiär geführte Haus glänzt unter anderem mit einer ausgezeichneten Küche, gepflegten Weinen und einer Garage für das Motorrad.

hotelzurpost-klotten.de

in Richtung Kappel abzubiegen, wo die Hunsrück-Höhenstraße für uns ein Ende findet. Das Ende des Schinderhannes und 19 seiner Kumpane sah übrigens so aus: Sie wurden gefangen genommen und 1803 auf dem Schafott enthauptet. Seither kann der Hunsrück ohne Angst vor Überfällen bereist werden.

Der Zufall lässt uns auf einen nachgebauten römischen Wachtturm stoßen, der unsere Neugier mit Blicken auf Eifel und Westerwald belohnt. Bevor die Abendsonne hinter den Kuppen der Voreifel verschwindet, erreichen wir mit Beilstein einen der wohl romantischsten Moselorte. Unterhalb von Burg Metternich gönnen wir uns eine letzte Pause, denn das Beste haben wir uns bis zum Schluss aufgehoben: die Erinnerungen ans Stilfser Joch weckende Etappe über den Valwiger Berg nach Cochem. ◂

Die Ruine Metternich in Beilstein wacht über die Reben.

Route in Kurviger
Staffel
Andernach
Neuwied
Koblenz
Ahrdorf
Mendig
Lahnstein
Müllenbach
Welling
B 411
Hillesheim
B 327
Rhens
B 410
A 1
Boppard
Gerolstein
Ulmen
Klotten
Treis-Karden
Mürlenbach
St. Goar
Cochem
Emmelshausen
Udler
Bremm
Oberwesel
Alf
Bell
Kastellaun
A 60
Zell (Mosel)
Gransdorf
Rheinböllen
A 61
B 50
Traben-Trarbach
Speicher
Bernkastel-Kues
Piesport
Klüsserath
Schweich
Morbach
B 41
Kirn
Merxheim
Allenbach
Trier
Thomm
Fischbach
Franzenheim
Idar Oberstein
Meisenheim
B 52
Hermeskeil
B 420
Nonnweiler
Nohfelden
Baumholder
A 62
B420
Wolfstein
Kusel
0
7.5 km
Sankt Wendel
Kaiserslaute